中小学
数学要义

风云老师 著

湖南科学技术出版社

前　言 / **Preface**

　　每位学生在中小学阶段，都要花费整整12年时间学习数学，而这12年又被分为三个阶段：6年小学，3年初中，3年高中。小学阶段的数学学习往往被小学阶段的数学考试所导向，所以许多小学数学老师并不清楚哪些小学数学知识才是核心和根基，哪些数学知识与中学的数学知识深度关联。至于初中阶段的数学学习则完全被中考所导向，所以许多初中数学老师也不清楚哪些初中数学知识才是核心和根基，哪些数学知识与高中的数学知识深度关联。到了高中，由于数学知识的广度和深度远胜以往，而高中阶段的教学也往往没有触及知识板块的深度关联，这就导致大量学生对数学学习倍感吃力。总之，不论是小学阶段，还是中学阶段，不论是数学老师的教学，还是学生的数学学习往往都缺乏对数学体系脉络和核心知识点的把握，都迷失在繁杂的数学知识和题型之中。

　　最近十几年，大量的家长直接参与孩子的数学教育，辅导孩子的数学功课，甚至额外为孩子准备大量课外数学习题，这已经成为一种潮流。但是，家长群体对中小学数学体系的了解往往远不如中小学数学老师，甚至对数学知识体系缺乏最基本的了解，所以他们往往会在数学教育问题上犯更大的错误，不少家长会把孩子的大量时间浪费在珠心算、速算巧算训练、多位数计算训练、小学奥数刷题、中学奥数培训等这些在整个中小学数学体系中处于边缘地位的内容。

　　另外，日趋激烈的升学竞争让许多中小学生开始提前学习高年级的数学课本。但是这些提前学习数学的学生往往会面临这样的问题：如何识别高年级的数学课本的核心板块和核心知识点？如何读懂课本知识点背后隐藏的数学思想？如何将已经掌握的数学知识和提前学习的知识做关联和类比？

　　所以《中小学数学要义》首先是为家长、老师、学生服务，希望能为他们非常清晰地指出中小学数学体系的根基和最核心知识点，而且这些最核心知识点仅仅通过两三条主线就完全交织关联在一起，不同的知识板块之间还可以做自然的类比。整本书都在试图传达这样一个理念：一切数学知识之间都存在关联，没有什么数学知识是孤立的！在本书最后一章，用集合论的观点梳理了本书的大部分知识点，希望读完这一章的读者能够相信：集合语言是数学世界的通用语言。

这本书的另一个目的是希望弥补目前通用的中小学数学教材的不足，目前的几个通用教材在数学知识点的解释、阐述方面还有不少有待改进的地方。另外，教材中缺乏许多启发性的问题，为此我们在书中提了大量的数学问题，希望这些问题能启发读者进一步深入思考数学。几种通用教材中关于平面几何的处理并未采用公理化的方法，而名著《几何原本》的推导体系，晦涩难懂。为了更好地普及公理化思想，在平面几何这一章中，我们采用了一种简洁、精练的公理化推导体系。

除了中小学学生、家长、老师以外，《中小学数学要义》同样适合其他成年人，他们在学生时代也学过数学，但是由于种种原因，很多人对数学留下了不太好的印象。《中小学数学要义》将有助于他们，从一个全新的角度，回顾并重新理解之前所学过的数学，希望这本书能改变他们原先对数学的印象。

《中小学数学要义》只写我认为是中小学体系中最最核心的知识点，所以全书只有270页左右。在整个写作过程中，内容的取舍一直是一个艰难的抉择。为了让整本书保持在初等数学的范围内，我们不讲极限、求导、积分、矩阵、线性变换等高等数学概念，虽然书中大量的线索已经直接指向了这些概念。为了突出主线与核心，我们不得不删除一些本身也是非常非常重要的知识板块，比如指数函数、对数函数、立体几何等。

读这本书不需要多少预备知识，为了便于自学，我们还安排了一些课后习题。中小学老师、中学生和有中等文化程度的家长看这本书应该不会有多少障碍。其中打星号的章节和题目难度较大，初次阅读时，可跳过。四年级以上的小学生也适合看第一章到第三章的部分内容，我推荐的阅读顺序是第一章第一至第七节，第二章第一至第三节，第三章第一、第二节，第一章第八至第十节，第二章第四、第五节。

按照惯例，出版这样一本书总要请学界名流写序作推荐，但我认为大可不必，让读者根据书中内容自行判断吧！

目 录 / Contents

第一章

数的家园

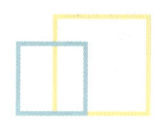

第一节　自然数1，2，3，…

一年级小学生在人生的第一节数学课中，学的就是数数和最简单的数字1，2，3，…现代人对这些最简单的数学知识是如此地熟悉，认为这些知识是如此地简单，以至于大家都以为这些数学知识是自古以来就有的。

其实，套用罗素的一句话，在远古时代，人类是经历了几百万年的漫长时间才渐渐意识到5只兔子的5和5棵树的5实际上是一回事，才在这类经验的基础上形成了数的概念。今天，教孩子数数，也是要让他们意识到5只兔子的5，和5棵树的5是一回事，让他们可以从5只兔子，5棵树，5个苹果，5个人……中抽象出5这个数字概念。

这里，我们会碰到一个非常自然的问题，也是学数数的小孩子有可能会问的一个问题：

问题1：5只兔子的5，和5棵树的5为什么是一回事？

很多人可能会认为，5只兔子的5，和5棵树的5是一回事，这没有为什么，是天经地义的，自然而然的，理所当然的。

其实，这是一个非常非常重要，但又极容易被人忽视的数学问题。5只兔子的5，和5棵树的5之所以是一回事，是因为，5只兔子和5棵树之间可以建立起一一对应的关系（如下图所示）。

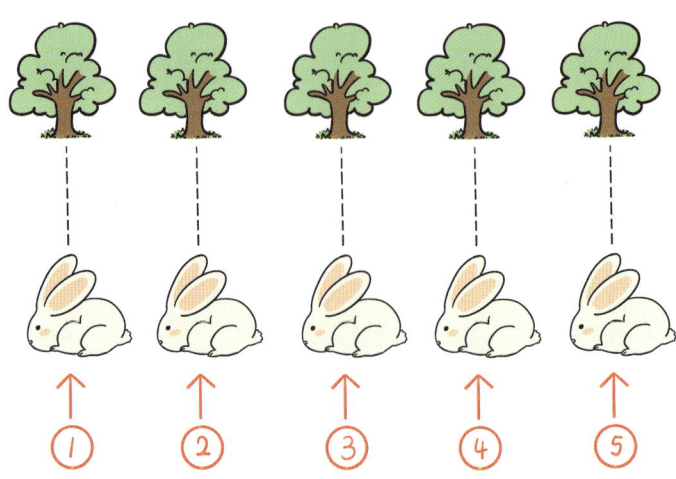

实际上，数数本身就是建立一一对应关系。当我们数 5 只兔子的时候，就在我们的大脑中给每一只兔子配上一个数字，这正是让这 5 只兔子和 1，2，3，4，5 这 5 个数字之间建立起一一对应的关系。

我们常常会问，什么是"数"，"数"的本质是什么？对于 1，2，3，4…这些自然数而言，其本质就是：一一对应关系。把数的本质归结为一一对应关系，这种数学思想，在很多人看来，好像也很简单，其实未必。

哪怕是在现实中，巧妙地运用这种数学思想，也会有神奇的效果。在这里我想起了"乾隆数塔"的故事。乾隆游览少林寺塔林的时候，想让周围人数数塔林中有多少个塔，但几百个塔层层叠嶂，根本没法数。于是乾隆派几百个士兵进去，让每个士兵抱住一个塔，出来后数抱塔士兵的数量。乾隆数塔的方法就是让士兵与塔建立起一一对应关系，用一一对应的原理来数塔，绝不会出错。

问题 2：请想象一下，在现实生活中哪些地方有可能会用到一一对应的原理？

第二节 0这个数很独特

小学生学完最简单的自然数1，2，3…之后，很快就开始接触0这个数。0这个数是非常独特的，和1，2，3等自然数是截然不同的，0表示"空无"，表示什么都没有。好奇心强的孩子，在初次接触0这个数的时候可能会提这种问题：

问题3：**0不是表示什么都没有吗，那为什么还会有个0?**

这个问题确实指出了一个矛盾。之前学的自然数，比如3，是从3只动物，3个人，3棵树……这些现实物体中抽象出来的。作为数学符号，它代表的是实在的物体数量。但现在不但有数学符号表示"有"，还可以有数学符号表示"无"。所以0这个数代表着一种更高层次的抽象。如果说1，2，3等自然数概念有几百万年的历史，0这个数只有短短一千多年的历史。大约在公元9世纪，印度人开始把0当作一个数参与计算，这是数学史上开天辟地的大事。正是因为0这个数很独特，要不要把0归入自然数这个问题就一直有很大争议。现在教材已经统一把0归入自然数，这其实就是一种方便的规定而已。

今天，普遍使用的十进制计数方法也是主要依赖于0这个特殊数字的引入。这种计数方法的基本原则是逢十进一，原来的位数归0。例如59后面是60，199后面是200。十进制的便捷之处在于仅仅用10个符号0，1，2，3，4，5，6，7，8，9的组合就可以表示所有自然数。如果觉得10个符号还是太多你可能会问这种问题：

问题 4：能否用 5 个符号，甚至 2 个符号的组合表示所有自然数？

当学到十位数，百位数，千位数，甚至更大的数字的时候，不少小学生就会发现，数可以一直增大下去，没有尽头，心中就开始渐渐萌发"无限"的模糊概念。

$$1, 2, 3, \cdots, 10, \cdots, 100, \cdots, 1000, \cdots, 100000, \cdots, 1000000000, \cdots$$

往这个方向可以提各种有趣的问题，比如

问题 5：有没有一个数，比所有其他的数都大？

运用加法，小学生可以尝试给出这个问题的一个非常有趣的答案。

除了十进制计数方法外，还有一种非常形象的表示自然数的方法，那就是把所有自然数按大小顺序从左到右排在一条射线上，相邻两个数的间距都是 1。我们把射线的起点，也就是 0 所在的位置称为原点，注意每个自然数到原点的距离恰好等于这个数本身。

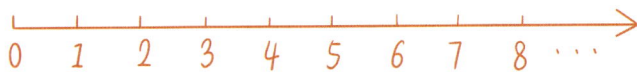

和自然数是无穷无尽的一样，这条射线的另一端是没有尽头的，我们称这条射线为数轴。在这里，请牢牢记住一点：

"数轴这个概念和自然数概念一样，是整个数学大厦的根基！"

第三节　自然数的加减乘除运算

　　自然数有加减乘除 4 种基本运算，而这 4 种运算中，加法是最基本的，也是在现实中被最广泛使用的。和自然数一样，加法也是一种抽象化的概念。在装有 3 个球的筐中放入 6 个球就变成 9 个球，这一类经验中就可以抽象出等式 3 + 6 = 9。

　　减法可以看成是加法的逆过程，如果在已经变成 9 个球的筐中拿出之前放入的 6 个球，就剩下 3 个球，回到了最初的状态，仿佛时光倒流。这个过程抽象出来就是 9 − 6 = 3。

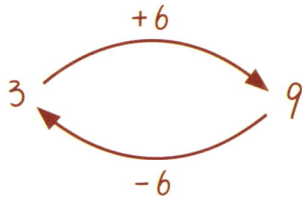

　　加法是可以随便做的，只要筐足够大，我们可以想往里面放多少球就可以放多少。但是减法就不能随便做了，9 − 10 该等于多少呢？一个只有 9 个球的筐中，无论如何是取不出 10 个球呀，所以我们要问这样一个问题：

　　问题 6：9 − 10 有意义吗，该等于多少？

　　在后面我们还会重新回到这个话题中，现在我们要跳过这个话题，先讲乘法。乘法其实是用加法定义的，比如 5 个 7 相加就是

$$7 + 7 + 7 + 7 + 7 = 7 \times 5 = 35$$

从这个意义上讲，乘法无非就是一种特殊的相加方法。之所以要从加法中提炼出乘法，最初是为了计算便利，因为这种特殊的相加方法在计数中是经常被使用到的。比如十进制计数方法中30就表示3个10相加，500表示5个100相加。现实生活中涉及乘法的场景也非常多。

给你6个篮子，其中每个篮子中有7个苹果，请你把这些篮子中的苹果全部倒到一个空筐中。这时筐中就会有

$$7 + 7 + 7 + 7 + 7 + 7 = 7 \times 6 = 42$$

42个苹果。有了$7 \times 6 = 42$这种经验，下次在食杂店买6瓶果汁，每瓶果汁的价格是7元时，就可以直接根据之前的$7 \times 6 = 42$得出需要付的钱是42元。

$7 \times 6 = 42$是九九乘法表的内容，在九九乘法表的基础上，可以直接用竖式计算任何两位数的乘法，这时乘法的便捷性更加凸显了。比如直接算12个23相加的和，远不如下面的乘法竖式计算便捷。

$$\begin{array}{r} 2\ 3 \\ \times\ 1\ 2 \\ \hline 4\ 6 \\ 2\ 3 \\ \hline 2\ 7\ 6 \end{array}$$

　　虽然绝大部分小学生对竖式计算已经非常熟悉了，但是还是难免会有小学生会问这样的问题：

问题7：竖式计算背后的原理是什么？

　　我们之后讲运算定律的时候会再提及这个话题，我们先来看看除法，除法可以看成是乘法的逆过程。如果将上面筐中的42个苹果平均分到6个篮子中，那每个篮子中就有42 ÷ 6 = 7个苹果，又回到了原先的状态，仿佛时光倒流。

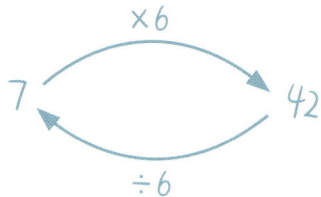

　　除法的意义就是平均分，除以10就是平均分成10份，除以3就是平均分成3份。那如果是除以0呢？你想象一下，6个苹果平均分成0份，该怎么分？似乎没法分。

$$6 ÷ 0 = ？？？$$

　　所以小学老师往往会着重提醒小学生：0绝不可以用来做除数。但是，仍然有不少小学生会疑问：

问题8：0为什么不可以用来做除数？用0做除数会出现什么问题？

　　回答这个问题需要注意一个要点：除法是乘法的逆运算。72 ÷ 9 = 8，8 × 9 = 72。

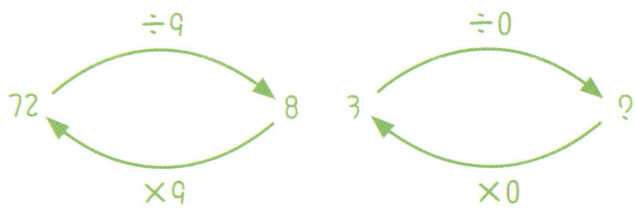

但是3除以0不管等于什么数，这个数再乘以0是无法还原为3的，因为任何数乘以0都等于0。

从数轴的角度看加法乘法运算也非常有启发性。把所有自然数都加2，这时，0变成2，2变成4，4变成6……这相当于把整条数轴向右平移2。

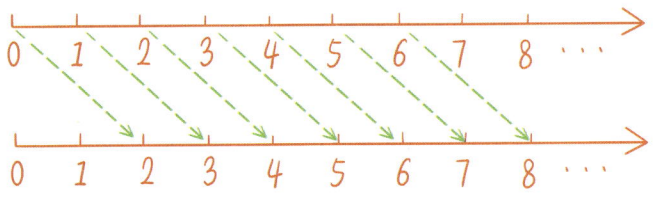

如果把所有自然数都乘以2，那么0保持不变，2变成4，4变成8……这相当于保持原点不动，把整条数轴均匀地伸长2倍。

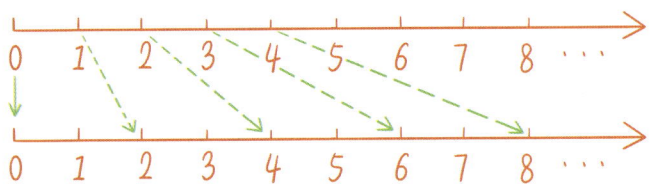

数的运算可以对应着几何（直线，平面）的（平移，伸缩）变换，这是整本书的基调。

既然所有自然数都加2相当于把整条数轴向右平移2，那么所有数减2呢？这时2变成0，3变成1，4变成2……这相当于把整条数轴向左平移2。但是整条数轴向左平移2之后，0和1移到了什么位置？似乎要移到原点的左边，对应的算术问题是1 – 2该等于多少，0 – 2该等于多少。我们将在本章第八节统一回答这些问题。

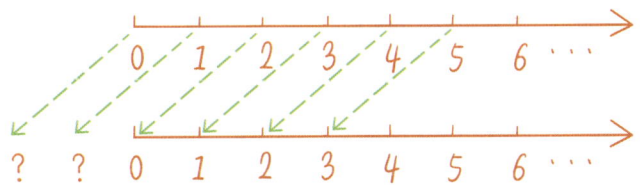

到目前为止，加减乘除4种运算都是对两个数做运算。实际上，对于加法运算，我们可以让3个数，4个数，甚至更多的数相加，比如我们可以让下面这4个数相加

$$5 + 7 + 3 + 2$$

但是，这种写法本身是有问题的，因为有好几种相加的方法

$$(5 + 7) + (3 + 2),\ [5 + (7 + 3)] + 2,\ 5 + [7 + (3 + 2)]$$

如果打乱数的顺序就有更多的相加方法

$$(5 + 2) + (3 + 7),\ (7 + 2) + (3 + 5),\ [3 + (7 + 2)] + 5,\ 2 + [(7 + 3) + 5]$$

大家可能会认为，这种写法没问题，因为不管怎么相加，只要每个数都加进来，最终的结果都是一样的。但好奇心强的学生可能就会问：

问题9：为什么多个数用不同的相加方式得到的结果总是一样的？

对于乘法运算，也可以让多个数相乘，也可以问：

问题 10：为什么多个数用不同的相乘方式得到的结果总是一样的？

这两个问题涉及接下来要讲的运算定律。当然读者也可以现在就尝试回答。

提问时间

1.3.1　数轴的一个平移变换，把 5 变换为 8，那么它会把 1 变换为哪个数，又会把哪个数变换为 12？

1.3.2　数轴的一个保持原点不动的均匀伸长变换，把 4 变换为 12，那么它会把 3 变换为哪个数，又会把哪个数变换为 6？

第四节　五大运算定律——数的运算的基本规律（上）

关于数的加减乘除运算有 5 种非常基本的规律，称为五大运算定律。这一节先介绍其中的两个运算定律——加法交换律和加法结合律。

如果在一个空袋子中先放入 8 个苹果，然后再放入 15 个苹果，而在另一个空袋子中先放入 15 个苹果，然后再放入 8 个苹果，不用计算，仅通过常识也能断定，这两个袋子中的苹果数量将是相等的。

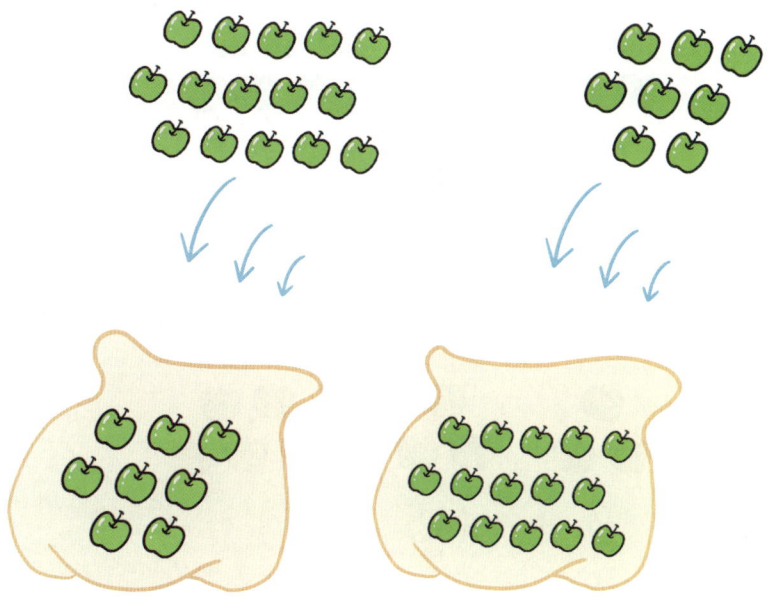

写出等式就是

$$8 + 15 = 15 + 8$$

类似的等式非常多，比如 $0 + 2 = 2 + 0$，$5 + 7 = 7 + 5$，$13 + 28 = 28 + 13$……

从这一类等式中，我们可以总结出一个规律：把加号左右两边的数调换后，加法的结果不会改变。我们称这个规律为加法交换律。

接下来，我们来讲加法的另一个规律。上图从左到右三堆苹果的数量分别是 3，5，6。如果我先把第一堆和第二堆苹果结合在一起，然后再加入第三堆苹果，如此得出的总苹果数应该是 $(3 + 5) + 6$。

但是如果把第二堆和第三堆苹果先结合在一起，然后再加入第一堆苹果，如此得出的总苹果数应该是 3 + (5 + 6)。

其实这两种方法实质上都是把3堆苹果结合在一起，所以最终苹果的数量是一样的，因此无需计算就可以知道等式 (3 + 5) + 6 = 3 + (5 + 6)。根据同样的道理，(16 + 9) + 22 = 16 + (9 + 22)，(24 + 11) + 7 = 24 + (11 + 7)……从这一类等式中，我们可以总结出一个规律：3个数相加时，中间的数不论先和前面的数相加，还是先和后面的数相加，最终相加的结果是不会改变的。我们称这个规律为加法结合律。

很多人在此可能会觉得这个加法交换律和加法结合律似乎很平淡无奇，大家在计算过程中也都熟悉这两个结论，只是没有提炼出来而已。所以有人可能会问这样一个问题：

问题11：为什么要去提炼加法交换律和加法结合律这个简单的东西？加法交换律和结合律有什么用？

实际上提炼加法交换律和结合律就是提炼加法运算的精髓。这里又涉及另一个问题：

问题 12：除了加法交换律和结合律以外，加法是否还有其他运算定律？

注意加法交换律和结合律分别涉及两个数，和 3 个数相加。如果涉及 4 个数或者更多数相加时，也会出现类似的等式，比如

$$(3 + 4) + (8 + 6) = \left[(8 + 4) + 6\right] + 3。$$

那么有没有必要从这类等式出发，再总结出新的加法运算规律？没必要！因为所有这类等式都可以从加法交换律和结合律出发严格推导出来，不涉及计算。以下是关于上面这个等式的推导

$$(3 + 4) + (8 + 6)$$

$$= 3 + \left[4 + (8 + 6)\right]\cdots\cdots\cdots\cdots\cdots\text{加法结合律}$$

$$= \left[4 + (8 + 6)\right] + 3\cdots\cdots\cdots\cdots\cdots\text{加法交换律}$$

$$= \left[(4 + 8) + 6\right] + 3\cdots\cdots\cdots\cdots\cdots\text{加法结合律}$$

$$= \left[(8 + 4) + 6\right] + 3\cdots\cdots\cdots\cdots\cdots\text{加法交换律}$$

到了这里，就可以回答之前的问题 9 了。正是加法交换律和结合律保证了多个数不论以什么方式相加，结果都是一样的。所以，加法实质上只有两种定律：加法交换律和加法结合律。其他一切加法运算规律都可以由这两个定律推导出来。可能有人会质疑：$(3 + 4) + (8 + 6) = \left[(8 + 4) + 6\right] + 3$ 这种等式简单计算就可以得到，为什么还需要用这么复杂的推导？这里涉及的数字都是很小的，如果等式中的数字变得很大，比如变成 $(5134 + 2049) + (181 + 363) = \left[(181 + 2049) + 363\right] + 5134$ 时，推导就显得非常轻巧了。正所谓"攻城为下，攻心为上"，不用动手计算，仅仅通过推导得到这些等式，恰恰体现了运算定律的精妙。

其实在小学生经常做的加法竖式计算中，就隐蔽地用到了加法交换律和结合律，比如

$$
\begin{array}{r}
1\ 2 \\
+\ 2\ 5 \\
\hline
3\ 7
\end{array}
$$

如果把这个计算过程分解成等式就是

$$(10 + 2) + (20 + 5) = (10 + 20) + (2 + 5)。$$

提问时间

1.4.1　请用加法交换律和结合律推导出 $(10 + 2) + (20 + 5) = (10 + 20) + (2 + 5)$。

1.4.2　请用加法交换律和结合律推导出 $\big[(16 + 29) + 301\big] + (209 + 511) = \big[(301 + 29) + 209\big] + (511 + 16)$。

第五节　五大运算定律——数的运算的基本规律（下）

如果说加法交换律和结合律是明显成立的话，乘法交换律和结合律却并不简单。比如你能看出来为什么 $7 \times 5 = 5 \times 7$ 吗？在第三节中讲过，乘法是由加法定义的，这个问题还原成加法问题就是，不做加法计算能否看出为什么

$$7 + 7 + 7 + 7 + 7 = 5 + 5 + 5 + 5 + 5 + 5 + 5$$

下面这个阵列图让这个问题一下子明朗了。

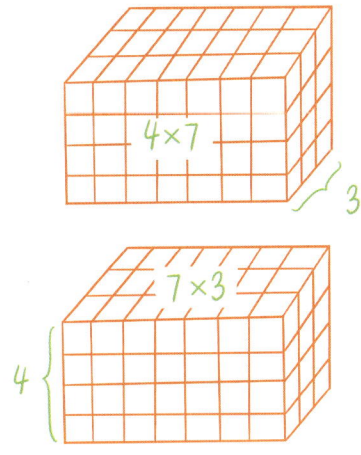

同样的道理可以说明 $12 \times 13 = 13 \times 12$，$21 \times 4 = 4 \times 21$，$143 \times 329 = 329 \times 143$……由此我们总结出一个关于乘法的规律：把乘号左右两边的数调换后，乘法的结果不会改变。这个规律叫做乘法交换律。

解释乘法交换律用的是一个平面图形，现在为了解释乘法结合律，需要下面这个立体图形。

我们如果用上图所示的两种方式计算小正方体的个数，就会得到

$$(4 \times 7) \times 3 = 4 \times (7 \times 3)。$$

同样的道理可以说明 $(12 \times 5) \times 8 = 12 \times (5 \times 8)$，$(13 \times 6) \times 52 = 13 \times (6 \times 52)$，$(247 \times 59) \times 101 = 247 \times (59 \times 101)$……由此又总结出一个关于乘法的规律：3 个数相乘时，中间的数不论先和前面的数相乘，还是先和后面的数相乘，最终的结果都是一样的。这个规律叫做乘法结合律。

上一节我们说过，提炼加法交换律和结合律实质上就是提炼加法运算的精髓。现在从乘法运算中也提炼出了同样的精髓。所以，和上一节同样的道理可以说明，乘法实质上只有两种定律：乘法交换律和乘法结合律，其他一切"乘法定律"都可以由这两个定律衍生。也就是说，若干个数相乘时，不论以何种顺序相乘，最终的结果总是一样的。例如无需计算，就可以知道

$$\left[(4 \times 6) \times 3\right] \times 2 = (4 \times 3) \times (6 \times 2)。$$

为了简便，引入指数运算表示若干个同样的数的乘积，例如：5^2 表示 5×5，读作 5 的 2 次方；11^3 表示 $11 \times 11 \times 11$，读作 11 的 3 次方；7^5 表示 $7 \times 7 \times 7 \times 7 \times 7$，读作 7 的 5 次方。2 次方和 3 次方通常简称为平方和立方。例如 2 的平方和立方分别是 4 和 8。

其实加法和乘法还有一个非常关键的共性，我们都知道每个数和 0 相加都不会变，同样地，每个数和 1 相乘也都不会变。

0+0=0	0×1=0
2+0=2	2×1=2
6+0=6	6×1=6
10+0=10	10×1=10
⋮	⋮

所以1在乘法中地位相当于0在加法中的地位。后面引入分数和引入负数的时候，加法和乘法的这种有趣的类比还会继续下去。

最后，我们来谈加法乘法分配律。分配律涉及的是这种类型的等式：$(4+5) \times 7 = 4 \times 7 + 5 \times 7$。$(4+5) \times 7$ 表示下面所有小圆圈的数量，其中绿色小圆圈数量是 4×7，红色小圆圈数量是 5×7。

所以无需计算，就知道这个等式是成立的。同样的道理，如果把7，4，5分别换成其他自然数等式仍然成立，比如，$(19+2) \times 13 = 19 \times 13 + 2 \times 13$，$(24+6) \times 9 = 24 \times 9 + 6 \times 9$，$(643+538) \times 47 = 643 \times 47 + 538 \times 47$……由这类等式抽象出来的运算规律称为加法乘法分配律。

根据乘法交换律，调换乘号两边数之后，这些等式仍然成立：$13 \times (19+2) = 13 \times 19 + 13 \times 2$，$9 \times (24+6) = 9 \times 24 + 9 \times 6$，$47 \times (643+538) = 47 \times 643 + 47 \times 538$……这个运算规律是分配律的另一种形式。

在小学生经常做的乘法竖式计算中，分配律是不断地被使用，举个最简单的例子

$$
\begin{array}{r}
3\ \ 2 \\
\times\ \ \ \ \ 3 \\
\hline
9\ \ 6
\end{array}
$$

这个竖式计算分解成等式就是

$$(30 + 2) \times 3 = 30 \times 3 + 2 \times 3 = 90 + 6$$

目前我们已经总结了5个运算定律，都是涉及加法或乘法，不涉及减法和除法，所以这里可能会有学生提出这种问题：

问题13：为什么只有加法和乘法的运算律，却没有减法和除法的运算律？

这个问题将在后面作答，包括运算律的重要性也要等到后面才会逐渐显示出来。现在我只能告诉你，这五大定律是数的家园的通行法则，任何数参与加减乘除运算都要遵循这些定律，否则它就不是一个"合格"的数。

提问时间

1.5.1　计算11的平方，5的立方，计算2^5。

1.5.2　请用运算定律推导出$\left[(24 \times 6) \times 13\right] \times 21 = (24 \times 13) \times (6 \times 21)$。

1.5.3　请用运算定律推导出$(24 + 6) \times (25 + 3) = (24 \times 25 + 6 \times 25) + (3 \times 24 + 3 \times 6)$。

第六节　如何将2块巧克力平均切成5份——引入分数

至少在4000多年前，人类就已经开始使用分数了。那个时代的人之所以引入分数，很重要的一个目的就是为了能平均分配物资。之前讲过，除法实质上就是平均分，但是大部分时候，做除法或平均分会出现余数。把17块巧克力平均分给5位小朋友，每个小朋友分到3块巧克力后，还余下2块巧克力，写成除式就是

$$17 ÷ 5 = 3\cdots\cdots 2（余数）$$

但是剩下这2块巧克力如果不能平均分，小朋友会不会吵架？谁不想多得一块巧克力呀！所以余数这个东西是很讨厌的。为了消除余数，为了做到真正的平均分，我们就要用小刀把剩下的这2块巧克力平均切成5份，这时每份是多少呢？

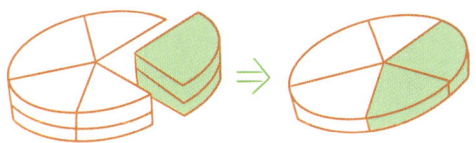

如果1表示1块巧克力的话，我们可以引入分数$\frac{2}{5}$表示把2块圆形巧克力叠在一起平均分成5份后每份的量。

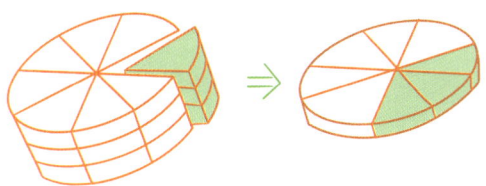

还可以引入分数 $\frac{3}{8}$ 表示把3块圆形巧克力叠在一起平均分成8份后每份的量。

还可以引入分数 $\frac{7}{4}$ 表示把7块圆形巧克力叠在一起平均分成4份后每份的量。

分数的一般形式是一根短横线，加上横线上下两个自然数，这两个数分别称为分数的分子和分母。下面是更多的分数例子以及它们所表示的量（大的正方形表示1）。

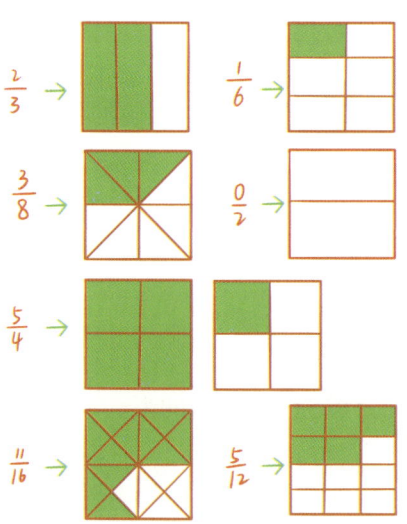

注意，分数的分母不能为0，这和0不能作为除数的原因是一样的。

既然现在引入了分数，那之前的自然数0，1，2，3，4……该怎么处置呢？只需注意到这样一个简单的事实，那就是将一个自然数，比如4，平均分成1份，每份还是4，这个数并没有被分开，也没有改变。写成等式就是 $\frac{4}{1}$ = 4。因此自然数实质上就是特殊的分数 $\frac{0}{1}$，$\frac{1}{1}$，$\frac{2}{1}$，$\frac{3}{1}$，$\frac{4}{1}$，……所以，引入分数并没有将原先的自然数驱逐出数的家园，而是将自然数扩充为分数。

比起自然数，分数还有一个特点，那就是同一个分数常常会伪装成不同的样子，比如下图阴影部分表示的是分数 $\frac{3}{4}$。

如果沿着水平方向把上面这个正方形做2等分，3等分，4等分，……这时阴影部分表示的分数就会变成

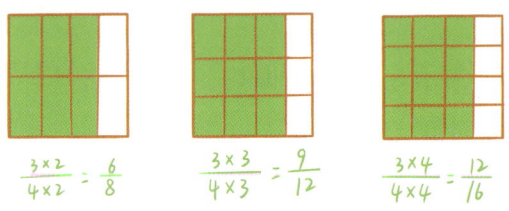

但是注意，在这里阴影部分所表示的量并没有任何变化，只是被划分得更细了。所以这些分数都是相等的，它们所表示的实际上是同一个数。

$$\frac{3}{4} = \frac{3 \times 2}{4 \times 2} = \frac{3 \times 3}{4 \times 3} = \frac{3 \times 4}{4 \times 4} = \cdots\cdots$$

　　就好比一个爱打扮的小姑娘，每天都穿完全不一样的衣服，叫人认不出来。上面这个等式引出了分数表达的一个基本法则：

　　一个分数的分母分子同时乘以或除以同一个不为零的数，分数本身并没有改变。

　　如何比较分数大小呢？先考虑一个简单的例子

$$\frac{2}{5} \ vs \ \frac{3}{5}$$

　　这两个数的大小关系是不难判断的，把1平均分成5份，其中3份的量自然会大于2份的量。同样的道理，两个分数如果分母相同，比较大小时只需比较它们的分子大小即可。但是，如果碰到分母不相同的两个分数怎么办，比如

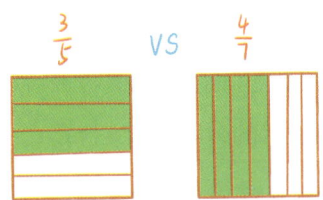

　　即使看图也不好看出来谁大谁小。一种巧妙的方法是让它们"伪装"成分母相同的分数。

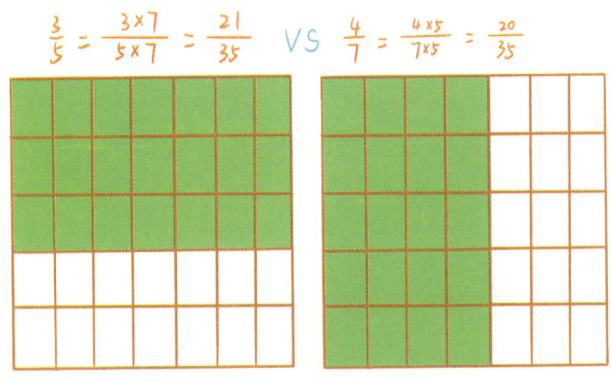

这时候大小一眼就能看出来了。这种将几个分数"伪装"成分母相同的形式的做法，称为通分。在下一节讲分数运算时，通分的操作将大显身手。与通分相反的操作是约分——将分子分母同时除以一个不为零和1的自然数后，分子分母都变小了，但分数本身还是不变的，例如 $\frac{9}{12} = \frac{3}{4}$，$\frac{8}{10} = \frac{4}{5}$。不能约分的分数称为既约分数，例如 $\frac{3}{4}$，$\frac{2}{5}$，$\frac{7}{1}$。每个分数都可以通过不断约分转化为既约分数，例如 $\frac{24}{36} = \frac{8}{12} = \frac{4}{6} = \frac{2}{3}$。

还有一种形象的方式可以展示出所有分数的大小，那就是把每一个分数都安置在数轴上。

作为特殊的分数，自然数已经排在数轴上了，而且每个自然数的位置到原点的距离恰好等于这个数本身。现在把分数都安置在数轴上，我们也想遵循这个原则。比如，该如何在数轴上安置 $\frac{2}{3}$ 呢？我们之前讲过，如果1表示1块巧克力，可以引入分数 $\frac{2}{5}$ 表示把2块巧克力叠在一起平均分成5份后每份的量。现在1表示长度为1的单位线段，那么分数 $\frac{2}{3}$ 自然就表示把长度为2的线段平均分成3份后每份的长度，所以先从数轴左边截出长度为2的线段，然后将它3等分，$\frac{2}{3}$ 就安置在第1个等分点。

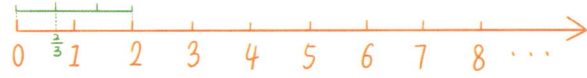

如果把所有分数都安置进去，我们就会发现左边的分数总是小于右边的分数，而且整条数轴变得十分热闹拥挤，简直就是密密麻麻！

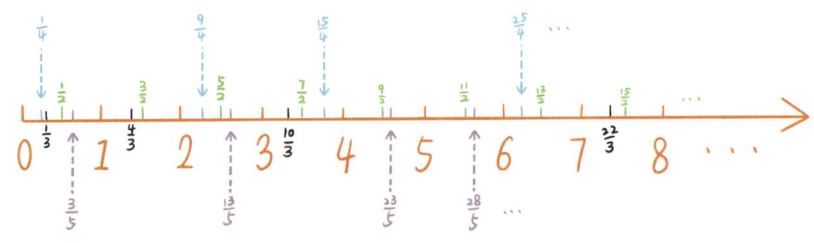

提问时间

1.6.1 比较 $\frac{5}{8}$ 和 $\frac{3}{5}$ 的大小，再比较它们与 $\frac{5+3}{8+5}$ 的大小；比较 $\frac{13}{10}$ 和 $\frac{9}{7}$ 的大小，再比较它们与 $\frac{13+9}{10+7}$ 的大小；看看有什么规律。

1.6.2 数轴上 3 个点 $\frac{3}{7}$，$\frac{4}{9}$ 和 $\frac{5}{11}$，哪个点位于最左边，哪个点位于中间，哪个点位于最右边？

1.6.3 将 $\frac{64}{160}$ 和 $\frac{72}{120}$ 化为既约分数。

第七节　分数的加减乘除运算

　　自然数有加减乘除运算，满足五大运算定律。引入分数作为自然数的扩充之后，就要考虑如何定义分数的加减乘除运算，而且希望分数的加减乘除运算可以继承，拓展自然数的加减乘除运算。我们还希望五大运算定律仍然成立，这可是数的家园的通行法则！

先从分数的加减运算开始。同分母的两个分数相加减是很简单的。

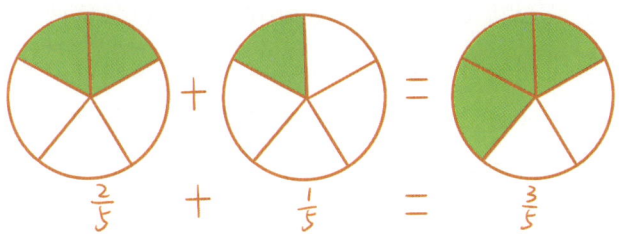

$$\frac{2}{5} + \frac{1}{5} = \frac{3}{5}$$

正如上图所示，这时只需让分母保持不变，分子相加减就好了。如果碰到分母不同的两个分数相加减，怎么办呢?

$$\frac{2}{3} + \frac{1}{4} = ?$$

和比较大小一样，先对这两个分数做通分，转化成分母相同的情形，然后再让分子相加减。

$$\frac{2}{3} + \frac{1}{4} = \frac{8}{12} + \frac{3}{12} = \frac{11}{12}$$

另外两个例子是

$$\frac{1}{9} + \frac{2}{3} = \frac{1}{9} + \frac{6}{9} = \frac{7}{9};$$

$$\frac{3}{4} - \frac{2}{5} = \frac{15}{20} - \frac{8}{20} = \frac{7}{20}。$$

27

如此定义的分数加减法是否合理呢？我们拿运算律做试金石，来看看分数加法是否满足加法交换律和结合律。随意拿两三个分数，在验证加法交换律和结合律之前，可以先对它们做通分，让它们的分母变成是相同的。这时，由于同分母相加实质上就是分子相加，分母不变，所以加法交换律和结合律自然还是保持成立的。比如为什么

$$\frac{2}{9} + \frac{5}{9} = \frac{5}{9} + \frac{2}{9}$$

和

$$\left(\frac{3}{12} + \frac{5}{12}\right) + \frac{8}{12} = \frac{3}{12} + \left(\frac{5}{12} + \frac{8}{12}\right)$$

会成立？是因为等式

$$2 + 5 = 5 + 2$$

和

$$(3 + 5) + 8 = 3 + (5 + 8)$$

成立。

现在来讲分数的乘法。假如一辆小车以每小时50千米的速度行驶，3小时内小车行程就是 50×3（千米），那 $\frac{2}{5}$ 小时内的行程呢？就是 $50 \times \frac{2}{5}$（千米）。$\frac{2}{5}$ 小时是指将1小时平均分成5份，取其中2份时间。既然小车行驶的速度是每小时50千米，那每份时间内的行程就是 $50 \div 5$（千米），2份时间内的行程就是 $(50 \div 5) \times 2$（千米）。所以一个数乘以 $\frac{2}{5}$ 的意义就是先将这个数平均分成5份，再取其中2份。

再举个例子，一家披萨店出售的每块圆形披萨的价格是20元，而

且每块披萨都会切成4小份。如果买4块披萨，就要付20×4元。如果要买3小份，或者$\frac{3}{4}$块，就要付$20\times\frac{3}{4}$元。也可以先计算每小份的价格是20÷4，然后再乘以3。所以一个数乘以$\frac{3}{4}$的意义就是先将这个数平均分成4份，再取其中3份。

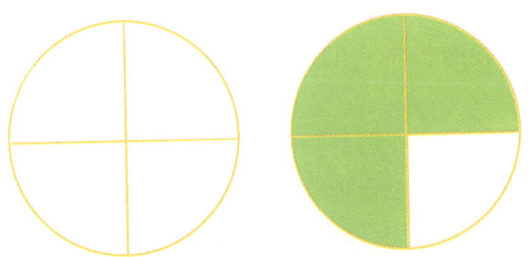

这两个例子充分说明了一个数乘以分数的意义。接下来我们来看看分数乘分数的结果会是什么样。下面是分数$\frac{2}{3}$表示的量。

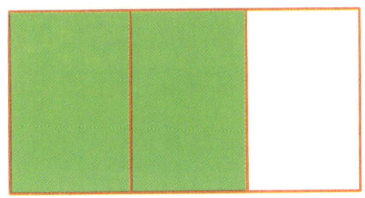

现在，要将它乘以$\frac{5}{7}$，就是将阴影部分平均分成7份，取其中的5份，结果是

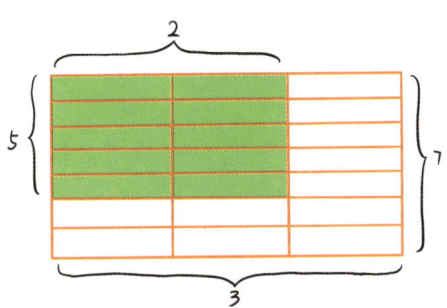

注意这时整个长方形被平均分成 3×7 份，而阴影部分占了 2×5 份。所以

$$\frac{2}{3} \times \frac{5}{7} = \frac{2 \times 5}{3 \times 7} = \frac{10}{21}$$

由此就可以引出分数的乘法法则：

两个分数相乘时，将它们的分母相乘作为新的分母，分子相乘作为新的分子。

如此定义的乘法是否合理呢？首先这种乘法是自然数乘法的拓展，比如 5 和 7 这两个数，作为分数相乘和作为自然数相乘结果是一样的

$$\frac{5}{1} \times \frac{7}{1} = \frac{5 \times 7}{1 \times 1} = 5 \times 7$$

接下来，还是要用运算律做试金石，看看乘法是否满足乘法交换律和乘法结合律，最后再看分数加法乘法是否满足分配律。乘法交换律和乘法结合律的验证是非常简单的。比如验证乘法结合律时，就是任意取三个分数验证下面等式是否成立

$$\left(\frac{2}{3} \times \frac{5}{7}\right) \times \frac{11}{4} = \frac{2}{3} \times \left(\frac{5}{7} \times \frac{11}{4}\right)$$

先用分数乘法法则将等式左右两边转化成分数，等式变成

$$\frac{(2 \times 5) \times 11}{(3 \times 7) \times 4} = \frac{2 \times (5 \times 11)}{3 \times (7 \times 4)}$$

这时运用自然数的结合律就能看出两个分数的分子与分母都是相等的。

现在任意取 3 个分数验证分配律

$$\left(\frac{9}{20} + \frac{3}{20}\right) \times \frac{13}{7} = \frac{9}{20} \times \frac{13}{7} + \frac{3}{20} \times \frac{13}{7}$$

注意，上面括号中的两个分数的分母是相等的，如果不相等，做通分就好了。运用分数加法乘法法则将等式左右两边转化成分数，等式变成：

$$\frac{(9 + 3) \times 13}{20 \times 7} = \frac{9 \times 13 + 3 \times 13}{20 \times 7}$$

这时两边分数的分母是相等的，根据自然数运算的分配律，分子也是相等的，所以等式自然是成立的。

在最后讲分数除法之前，先介绍与除法密切相关的倒数概念。对于每个不等于0的分数，将其分子分母调换之后形成的分数称为原先分数的倒数。比如 $\frac{3}{4}$ 的倒数是 $\frac{4}{3}$，$\frac{1}{4}$ 的倒数是4，5的倒数是 $\frac{1}{5}$，1的倒数还是1。倒数最重要的特征是，不等于0的分数乘上它的倒数总是等于1，例如

$$\frac{2}{5} \times \frac{5}{2} = \frac{2 \times 5}{5 \times 2} = 1$$

倒数的另一个特征是两个分数的乘积的倒数，会等于它们的倒数的乘积。

现在可以讲分数除法了。之前提到过，自然数的除法可以看成是乘法的逆过程，比如

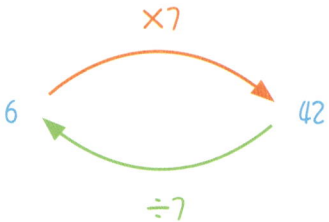

分数除法也是分数乘法的逆过程，所以现在的问题就是如何寻找下面这种转化过程的逆过程

$$\frac{3}{5} \quad \xrightarrow{\times \frac{11}{7}} \quad \frac{3}{5} \times \frac{11}{7}$$

这里倒数概念和乘法结合律开始起作用了。如果将上面这个转化结果乘以 $\frac{11}{7}$ 的倒数，结果又变成

乘法结合律

$$\frac{3}{5} \times \frac{11}{7} \xrightarrow{\times \frac{7}{11}} \left(\frac{3}{5} \times \frac{11}{7}\right) \times \frac{7}{11} = \frac{3}{5} \times \left(\frac{11}{7} \times \frac{7}{11}\right) = \frac{3}{5}$$

$$\frac{3}{5} \quad \underset{\times \frac{7}{11}}{\overset{\times \frac{11}{7}}{\rightleftarrows}} \quad \frac{3}{5} \times \frac{11}{7}$$

因此乘以一个不等于0的分数和乘以它的倒数是两个互逆的过程。所以就把除以一个分数定义为乘以它的倒数，例如

$$\frac{7}{3} \div \frac{5}{11} = \frac{7}{3} \times \frac{11}{5}。$$

最初引入分数，例如 $\frac{2}{5}$ 的时候，是指望能有

$$2 \div 5 = \frac{2}{5}$$

现在，按照这个除法法则，确实会有

$$2 \div 5 = \frac{2}{1} \div \frac{5}{1} = \frac{2}{1} \times \frac{1}{5} = \frac{2}{5}$$

完美地吻合了！

引入分数使得每个不等于0的分数都有倒数，这导致除法变成可以由乘法来定义，或者说除法是由乘法派生的，除法无非就是乘以倒数，除法的概念变成是次要的甚至是多余的。

这也能解释为什么五大运算定律没有涉及除法，因为关于除法的一切运算"定律"本质上都是乘法的运算定律。实际上关于除法的一切问题本质上都可以归结为乘法的问题。例如，关于除法，常常有人问

问题14：为什么 $\left(\frac{2}{7} \div \frac{5}{3}\right) \div \frac{11}{4} = \frac{2}{7} \div \left(\frac{5}{3} \times \frac{11}{4}\right)$，为什么连续除以两个数会等于除以它们的乘积？

其实，连续除以两个数 $\frac{5}{3}$，$\frac{11}{4}$，实质上就是连续乘以它们的倒数，而这又相当于是乘以它们的倒数的乘积 $\frac{3}{5} \times \frac{4}{11}$，而倒数的乘积正是乘积 $\frac{5}{3} \times \frac{11}{4}$ 的倒数。

分数的运算从数轴上看，也对应着数轴的变换。如果用长度表示分数，$\frac{3}{4} + \frac{2}{5}$ 就表示两根长度分别为 $\frac{3}{4}$ 和 $\frac{2}{5}$ 的线段拼接后的长度。如果让所有分数都加上 $\frac{2}{5}$，这时，0 变成 $\frac{2}{5}$，$\frac{3}{4}$ 变成 $\frac{3}{4} + \frac{2}{5}$，4 变成 $4 + \frac{2}{5}$……这相当于把整条数轴向右平移 $\frac{2}{5}$。

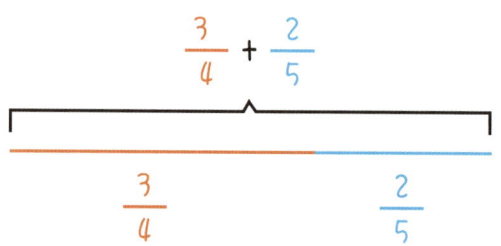

如果把所有分数都乘以 $\frac{1}{2}$，或者除以 2，那么 0 保持不变，1 变成 $\frac{1}{2}$，2 变成 1，4 变成 2……这相当于保持原点不动，把整条数轴均匀地缩短为原先的 $\frac{1}{2}$ 倍

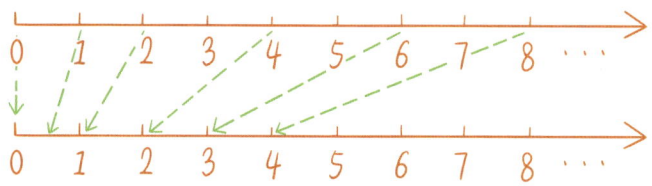

最后对分数做一次总结：为了让除法或者平均分没有障碍，我们引入分数，给出了分数的加减乘除运算，验证了五大运算定律对分数加法乘法仍然成立。这种验证相当于是给分数们一个合法的身份证明，从现在开始分数们在数的家园中取得了永久居住权！

提问时间

1.7.1 计算 $\dfrac{4}{5} - \dfrac{3}{7}$, $\dfrac{1}{10} + \dfrac{6}{15}$, $\dfrac{5}{2} \div \dfrac{3}{5}$。

1.7.2 求数轴上 $\dfrac{2}{3}$ 和 $\dfrac{1}{8}$ 所对应的两个点的距离。

1.7.3 数轴的一个平移变换，把 $\dfrac{2}{3}$ 变换为 $\dfrac{4}{5}$，那么它会把1变换为哪个分数，又会把哪个分数变换为 $\dfrac{3}{5}$？

1.7.4 数轴的一个保持原点不动的均匀伸缩变换，把4变换为3，那么它会把3变换为哪个分数，把 $\dfrac{4}{5}$ 变换为哪个分数，又会把哪个分数变换为 $\dfrac{5}{2}$？

第八节 只有9个球的筐中，如何取出10个球——引入负数

在第三节中讲过，减法是不能随便做的。9 – 10该等于多少呢？一个只有9个球的筐中，无论如何也取不出10个球的。现实生活中也常常碰到类似的问题。一个人如果手头只有9万元钱，却还欠别人6万元钱，那他的资产就应该计为9 – 6 = 3万元。但如果他欠别人的钱是10万元，这时他的资产就应该记为9 – 10 =?

之前，为了让除法总可以做下去，比如为了将2块巧克力平均分成5份，我们直接地引入分数 $\frac{2}{5}$，使得

$$2 \div 5 = \frac{2}{5}$$

现在，为了让 $9 - 10$ 能有结果，我们也直接粗暴地引入新的数 $[9 \to 10]$，希望有 $9 - 10 = [9 \to 10]$。$[9 \to 10]$ 这个数表示你手头只有9万元钱，却还欠别人10万元钱时，你的资产数（单位为万元），还表示在9个球的筐中，取走10个球后剩下的球数。

这里有人可能会抗议："只有9个球的筐中，无论如何是取不出10个球啊！"是啊，取到第9个球的时候，框已经空了，只有0个球了，怎么可能再取出一个球呢？如果真的能再取出一个球的话，那么框中的球的个数就是一个比0还要小的数了。许多古代的数学家也无法想象这种比表示"什么都没有"的0还要小的数。但今天我们完全不必要再有这种顾虑了，在纯粹的数学世界中，完全可以大胆地引入这种新的数 $[9 \to 10]$，表示在9个球的框中，取走10个球后框中剩下的球数。这种神奇的数学框也是纯粹的数学世界所独有的，在现实世界中是并不存在的，如果取走10个球后，你再往这个数学框中扔一个小球，那整个框就空空如也了。

我们把 $[9 \to 10]$ 中箭头左边的数9称为 $[9 \to 10]$ 的前部，箭头指向的数10称为 $[9 \to 10]$ 的后部。如果把9与10换成其他分数，就可以得到一大堆的新数，比如 $[0 \to 2]$，$\left[\frac{2}{5} \to 3\right]$，$\left[\frac{1}{4} \to \frac{2}{3}\right]$…

之前说过，分数常常会伪装成不同的形式，比如

$$\frac{2}{5} = \frac{4}{10} = \frac{6}{15} = \frac{8}{20} = \cdots$$

为此专门给出了一个识别法则：

一个分数的分母分子同时乘以或除以同一个不为零的自然数，分数本身并没有改变。

这一节介绍的这种新数也非常喜欢伪装。上面那个手头只有9万元钱，却还欠别人10万元钱的人，如果他还了3万元钱，那么手头还剩下 9 - 3 = 6 万元钱，欠别人 10 - 3 = 7 万元钱，这时他的个人资产应该是[6 → 7]万元。如果他不但不还钱，还继续向别人借了6万元，那他手头的钱就变成 9 + 6 = 15 万元钱，欠别人 10 + 6 = 16 万元钱，这时他的个人资产应该是[15 → 16]万元。

但是，不管你借多少钱，或者还了多少钱，个人资产是不会改变的，除非你赖账。所以应该有这样的等式

$$[9 \to 10] = [6 \to 7] = [15 \to 16]$$

由此可以引出一个识别这种新数伪装的法则：

一个数的前部后部同时加上或减去同一个分数，数本身并没有改变。

请注意，这个识别法则和上面的分数识别法则是非常非常类似的！！既然现在引入了新的数，那之前的分数该怎么处置呢？之前自然数融入到分数中，变成特殊的分数是这样的

$$0 = \frac{0}{1}; \quad 6 = \frac{6}{1}; \quad 20 = \frac{20}{1}; \quad \cdots$$

现在，分数也可以融入到新数中

$$\frac{2}{5} = \left[\frac{2}{5} \rightarrow 0\right]; \quad 4 = [4 \rightarrow 0]; \quad 9 = [9 \rightarrow 0]; \quad \cdots$$

最后这个等式是说如果你手头有9万元钱，没有欠任何人钱，那你的资产自然就是9万元。

为了比较这种新数的大小，先对它们做简化，让它的前部和后部不断减去同样的数，直到不能再减为止。这时前部和后部至少有一个为0，所以所有的这种新数可以分成3类：

1. 前部为0，后部是大于0的分数，称这种数为负数；

2. 前部是大于0的分数，后部为0，这就是大于0的分数；

3. 前部后部都是0，就是分数0。

为了书写便捷，我们引入负号"−"表示负数，比如$[0 \rightarrow 3]$记作-3，$\left[0 \rightarrow \frac{4}{9}\right]$记作$-\frac{4}{9}$。这节所学的新数，包括分数和自然数，统称为**有理数**，其中，大于0的分数称为正有理数，将目前引入的这种负数称为负有理数。所以有理数可以分为三类：正有理数、负有理数、0。有时，为了强调正有理数与负有理数的区别，会在正有理数前加一个正号"+"，例如，5，$\frac{4}{9}$也分别写作$+5$，$+\frac{4}{9}$。

为什么称为负数呢？因为它们是比0还小的数，负号后面的分数越大，负数越小。打个比方，比身无分文的穷光蛋还穷的是身无分文但还欠别人钱的穷光蛋，而且欠的钱越多越穷。例如-3比0小，但-5比-3还小。现实生活中也经常使用到负数，电梯中标注的比地面还低的是-1层，-2层；比0摄氏度还要冷的是$-5℃$，读作零下5摄氏度。

之前，我们把所有的分数都安置在数轴射线上，0作为最小的数是放在射线起点。现在，出现了比0还小的负有理数，为了把所有有理数都安置在数轴上，都对应着数轴上的一个点，我们要把数轴沿着另一个方向无限延伸，箭头的方向表示前方。

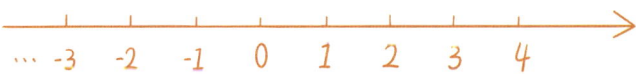

如何为有理数，比如[3 → 4]，找到数轴上的对应点呢？先让一只小乌龟从原点出发向前移动3，然后再向后移动4，这时它所处的位置就是[3 → 4]。

为每个有理数找数轴上的对应点的时候都是如此，有理数的前部表示向前移动的距离，后部表示向后移动的距离。这与之前在数轴上安置分数的方法是相吻合的。从数轴上看，负数都是在0的后面，实际上数轴中前面的数总是大于后面的数。

提问时间

1.8.1　4个有理数$\left[\dfrac{2}{9} \to \dfrac{1}{4}\right]$，$\left[\dfrac{16}{5} \to 3\right]$，$\left[4 \to \dfrac{9}{2}\right]$和$\left[\dfrac{10}{3} \to \dfrac{17}{5}\right]$中有几个负数?

1.8.2　请比较$\left[\dfrac{2}{5} \to 3\right]$和$\left[\dfrac{1}{4} \to \dfrac{7}{3}\right]$的大小。

1.8.3　求数轴上$\dfrac{2}{3}$和$-\dfrac{1}{8}$这两点的距离。

第九节　有理数的加减，与分数的乘除何其相似！

上一节，我们加入负数将分数扩充为有理数，为了说明负数作为数的合法性，我们需要定义有理数的加减乘除运算，并验证运算律。这一节我们讲有理数的加减运算。

两个有理数，比如$[11 \rightarrow 3]$和$[5 \rightarrow 7]$，相加该等于多少呢？假如一个男人手头有11万元钱，欠别人3万元，那这个男人的资产就是$[11 \rightarrow 3]$万元钱。一个女人手头有5万元钱，却欠别人7万元，那这个女人的资产就是$[5 \rightarrow 7]$万元钱。如果他们结婚了，那这个新家庭可支配的钱就是$(11 + 5)$万元钱，家庭债务就是$(3 + 7)$万元，因此家庭总资产就是$[11 \rightarrow 3] + [5 \rightarrow 7] = [11 + 5 \rightarrow 3 + 7]$。这就引出了有理数的加法法则：

两个有理数相加时，将它们的前部相加作为新的前部，后部相加作为新的后部。

写成公式就是$[a \rightarrow b] + [c \rightarrow d] = [a + c \rightarrow b + d]$。注意，这与之前的分数乘法法则完全相似，完全相似！根据这个加法法则，我们来计算几个简单的例子

$$11 + (-3) = [11 \rightarrow 0] + [0 \rightarrow 3] = [11 \rightarrow 3] = [8 \rightarrow 0] = 8;$$

$$5 + (-9) = [5 \rightarrow 0] + [0 \rightarrow 9] = [5 \rightarrow 9] = [0 \rightarrow 4] = -4;$$

$$-8 + (-13) = [0 \rightarrow 8] + [0 \rightarrow 13] = [0 \rightarrow 21] = -21。$$

解释有理数加法满足加法交换律和加法结合律，就和之前解释分数乘法满足乘法交换律和乘法结合律是一模一样的。这个解释留给各位读者去解答。

如果将所有有理数都加上2，这时每个有理数都转换成一个新的有理数，这种转换相当于是让整条数轴向右平移2。

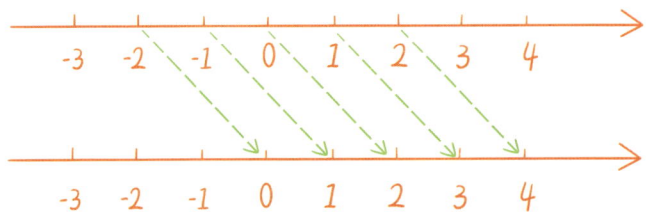

类似地，让所有有理数都加上 –1 相当于是让整条数轴向左平移1。所以有理数的加法还可以看成是数轴的平移。

学有理数减法的时候，不少学生会问：

问题15：为什么 6 – (–9) = 6 + 9，(–5) – (–11) = (–5) + 11，为什么减去负数会等于加上正数？

接下来将定义有理数减法，并解答这个问题。之前为了定义分数除法，引入倒数的概念，现在的做法是完全类似的。为了定义有理数减法，引入相反数的概念，有理数将其前部后部调换之后形成的有理数称为原先有理数的相反数。比如 $5 = [5 \to 0]$ 的相反数是 $[0 \to 5] = -5$，$-\frac{1}{4} = \left[0 \to \frac{1}{4}\right]$ 的相反数是 $\left[\frac{1}{4} \to 0\right] = \frac{1}{4}$，0 的相反数还是0。有理数正是由分数和它们的相反数构成的。相反数的特征是，任何有理数加上它的相反数总是等于0，比如

$$[11 \to 3] + [3 \to 11] = [11 + 3 \to 3 + 11] = 0.$$

　　从数轴上看，任何有理数（0除外），和它的相反数都是位于原点的两边，且到原点的距离相等。我们将有理数和原点的距离称为有理数的绝对值，用符号"| |"表示，例如$|-5| = 5$，$|4| = 4$。一个有理数完全由它的绝对值和符号确定。我们之前讲分数倒数时，提到倒数的乘积等于乘积的倒数，相反数也有类似特征：两个有理数的和的相反数等于它们相反数的和。

$$[5 \to 7], [8 \to 3] \xrightarrow{\text{求和}} [5+8 \to 7+3]$$
$$\downarrow \text{相反数} \downarrow \quad \text{求和} \quad \downarrow \text{相反数}$$
$$[7 \to 5], [3 \to 8] \xrightarrow{\text{求和}} [7+3 \to 5+8]$$

　　根据加法结合律，加上一个有理数，和加上它的相反数，这两个过程是互逆的，比如$[6 + (-5)] + 5 = 6 + [(-5) + 5] = 6$。

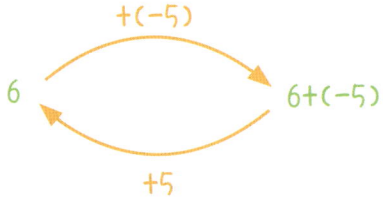

　　为了让有理数减法成为有理数加法的逆过程，**将减去一个有理数定义为加上它的相反数**。这样，问题15就自然得到解答了。根据这个定义

$$9 - 10 = 9 + (-10) = [9 \to 0] + [0 \to 10] = [9 \to 10]$$

这和我们刚开始所期望的$9 - 10 = [9 \to 10]$也是吻合的，$[9 \to 10]$其实就是$9 - 10$。所以，在有理数范围内引入相反数后，减法变成是由加法派生的，减法无非就是加上相反数。所以有理数的加减表达式，本质上都是和式，比如$6 - 4 + 2 - 5$实质上就是$6 + (-4) + 2 + (-5)$。

如果在有理数的加减表达式中出现括号，学生常常会被告知这样一种去括号法则：在减号后面去括号时，括号中每一项都要改变符号。比如

$$5 - (-22 + 61 - 7) = 5 + 22 - 61 + 7。$$

但是学生常常会问

问题 16：为什么 $5 - (-22 + 61 - 7) = 5 + 22 - 61 + 7$？为什么在减号后面去括号时，括号中每一项都要改变符号？

注意 $5 - (-22 + 61 - 7)$ 就是 5 加上 $-22 + 61 - 7$ 的相反数，根据和的相反数等于相反数的和的法则，$-22 + 61 - 7$ 的相反数正是 $22 - 61 + 7$。

下面表格梳理了分数乘除法，与有理数加减法的类比，这种类比是非常有启发性的。

$2 \div 5 =$？引入分数 $\frac{2}{5}$	$9 - 10 =$？引入有理数 $[9 \to 10]$
分母分子同时乘以或除以同一个非零自然数，分数本身并没有改变	前部后部同时加上或减去同一个分数，有理数本身并没有改变
分数相乘，分母相乘作为新的分母，分子相乘作为新的分子	有理数相加，前部相加作为新的前部，后部相加作为新的后部
分子分母调换形成倒数	前部后部调换形成相反数
分数乘上它的倒数总是等于 1	有理数加上它的相反数总是等于 0
倒数的乘积等于乘积的倒数	相反数的和等于和的相反数
分数除法定义为乘以倒数	有理数减法定义为加上相反数

提问时间

1.9.1 计算 $-14 + 15$；$14 + (-9)$；$7 - 13$；$-6 - (-9)$。

1.9.2 数轴的一个平移变换，把 2 变换为 $\dfrac{1}{2}$，那么它会把 1 变换为哪个数，又会把哪个数变换为 3？

*1.9.3 求数轴上 -6 和 4 的距离，-8 和 $3 - \dfrac{5}{2}$ 的距离，能否由此总结出一个规律？能否严格说明为什么会有这种规律？

1.9.4 请完整解释为什么有理数加法运算满足加法交换律和加法结合律。

第十节　为什么负负得正——有理数的乘除运算

上一节讲过让每个有理数都加上 -3 相当于是让整条数轴向左平移 3。所以有理数的加法还可以看成是数轴的平移。现在定义有理数乘法，是希望成为分数乘法的拓展。先来看看让所有分数都乘以一个正数，比如乘以 2 的效果：

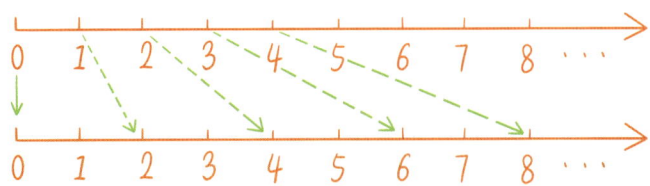

从数轴上看，就是将数轴保持原点不变均匀地放大成原来的两倍，而乘以 $\frac{1}{2}$ 的效果就是将数轴保持原点不变均匀地缩小成原来的 $\frac{1}{2}$ 倍。让所有有理数都乘以一个正数，在整条数轴上看，也是如此。所以，有理数乘分数是定义为有理数的前部后部同时乘以这个分数

$$[a \to b] \times c = [a \times c \to b \times c]$$

其中 a，b，c 都是表示分数，例如

$$[5 \to 7] \times 4 = [5 \times 4 \to 7 \times 4], \quad [2 \to 3] \times \frac{1}{2} = \left[2 \times \frac{1}{2} \to 3 \times \frac{1}{2}\right],$$

$$(-5) \times 2 = [0 \to 5] \times 2 = [0 \times 2 \to 5 \times 2] = -10$$

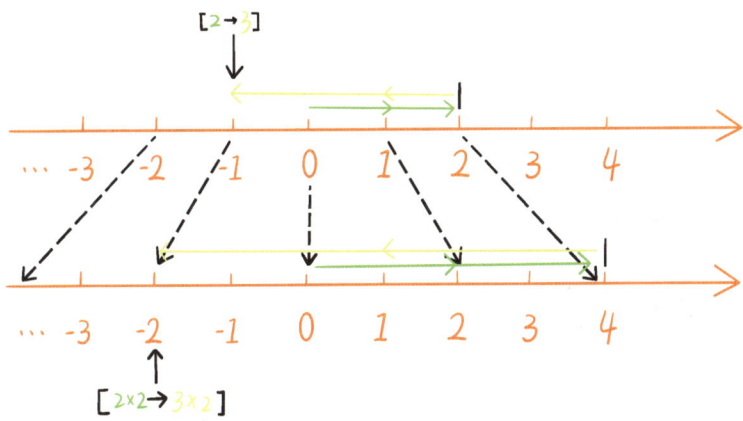

比较麻烦的是如何定义乘以一个负有理数。很多学生刚接触有理数乘法时，常常会提这样一个问题：

问题 17：为什么负负得正，两个负数相乘会等于一个正数？

如何合理地定义乘以一个负有理数呢？例如 $[5 \to 7] \times (-2)$ 该等于

多少？这时运算定律成为指南。我们定义的乘法如果是合理的，加法乘法分配律一定成立，因此 $[5 \to 7] \times (-2) + [5 \to 7] \times 2 = [5 \to 7] \times [(-2) + 2] = [5 \to 7] \times 0 = 0$，所以 $[5 \to 7] \times (-2)$ 应该是 $[5 \to 7] \times 2$ 的相反数。这就启发我们将有理数乘负数定义为将有理数的前部后部调换，并同时乘以这个负数的绝对值（或者相反数）

$$[a \to b] \times (-c) = [b \times c \to a \times c]$$

其中 a，b，c 都是表示分数，例如

$$[5 \to 7] \times (-2) = [7 \times 2 \to 5 \times 2], \quad [3 \to 2] \times \left(-\frac{1}{4}\right) = \left[2 \times \frac{1}{4} \to 3 \times \frac{1}{4}\right]$$

$$3 \times (-2) = [3 \to 0] \times (-2) = [0 \times 2 \to 3 \times 2] = -6$$

$$(-5) \times (-4) = [0 \to 5] \times (-4) = [5 \times 4 \to 0 \times 4] = 20$$

总结有理数乘法的这些等式，就得到有理数乘法的法则：

两个有理数相乘，先把绝对值相乘，同号得正，异号得负。

这时乘法交换律和乘法结合律自然是成立的。例如，比较等式 $(-5) \times \left[(-4) \times \frac{11}{7}\right] = \left[(-5) \times (-4)\right] \times \frac{11}{7}$ 左右两边，根据有理数乘法法则，两边的绝对值相等，符号也是一样的，所以等式自然成立。

最后，我们验证分配律。该如何说明下列等式成立呢（其中 a，b，c，d，e 都是表示分数）

$$([a \to b] + [c \to d]) \times (-e) = [a \to b] \times (-e) + [c \to d] \times (-e)$$

根据有理数加法与乘法的定义，等式左边等于 $[(b+d)e \to (a+c)e]$，等式右边等于 $[be + de \to ae + ce]$。根据分数运

算的分配律，等式自然成立。同样的道理可以说明

$$([a \rightarrow b] + [c \rightarrow d]) \times e = [a \rightarrow b] \times e + [c \rightarrow d] \times e$$

所以有理数加法乘法满足分配律。有理数加法乘法分配律给出了问题 16 的又一种解释，$(-22 + 61 - 7)$ 的相反数是 $(-22 + 61 - 7) \times (-1)$，根据分配律，这自然等于改变$(-22 + 61 - 7)$中每一项的符号。

让所有有理数都加上同一个有理数，可以看成是数轴的左右平移；让所有有理数都乘以一个正数，可以看成是数轴保持原点不变的伸缩；那让所有有理数都乘以一个负数，比如 -1 呢？

这时每个数都变成它的相反数，比如

$$\cdots-4, \ -3, \ -2, \ -1, \ 0, \ 1, \ 2, \ 3, \ 4\cdots$$

分别变成

$$\cdots4, \ 3, \ 2, \ 1, \ 0, \ -1, \ -2, \ -3, \ -4\cdots$$

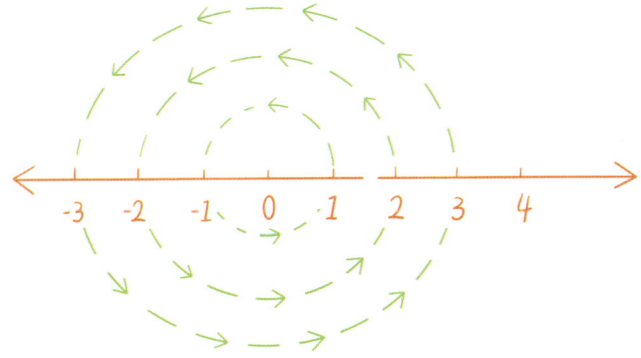

这可以看成是将整条数轴旋转180°，这就是负负得正的几何解释。这种解释非常重要，为后期复数的几何解释埋下伏笔。

有理数的除法也是由乘法派生的，只需注意每个非零有理数都会

有个倒数，就是那个乘上有理数会等于1的那个数，比如 $\frac{3}{4}$ 的倒数是 $\frac{4}{3}$，$-\frac{1}{4}$ 的倒数是 -4，-5 的倒数是 $-\frac{1}{5}$，-1 的倒数还是 -1。除以一个有理数也是定义为乘以它的倒数。

至此，我们已经对负有理数完成了身份验证，负有理数和之前的分数构成了的有理数也有加减乘除运算，也满足五大运算定律。因此数的家园可以放心地接纳负有理数作为新成员。在数的家园继续扩大之前，有必要对有理数的算术本质做一次提炼，将其归结为以下几点：

（1）有理数中有两个特殊的数，0与1，有两个基本运算：加法与乘法，任何两个有理数相加或相乘还是有理数；

（2）有理数的加法与乘法满足五大运算定律；

（3）每个有理数和0相加都不会变，每个有理数和1相乘也都不会变；

（4）每个有理数都存在一个相反数，相反数也是有理数，有理数和它的相反数相加等于0；

（5）每个非零有理数都存在一个倒数，倒数也是有理数，非零有理数和它的倒数相乘等于1。

注意在上面提炼过程中没有提到减法和除法，因为它们都是派生的。减法就是加上相反数，除法就是乘以倒数。这里可能有读者会问："你是不是漏了一条基本性质——任何有理数乘以0都等于0？"

这条性质之所以没有被列入，是因为它可以由这5条基本性质推导得出，只要5个基本性质成立，它自然也成立。这5条基本性质揭示了有理数的算术本质，我们将有理数及其加乘运算统称为有理数算术系统。

在有理数算术系统中，有一类数特别值得留意，就是自然数0，1，2，3，4，5，…和它们的相反数0，-1，-2，-3，-4，-5，…，我们称这些数为整数。注意两个整数相加减还是整数，相乘也是整数，因此所有的整数和加法乘法运算构成的算术系统能满足前面5条基本性质的前4条，我们将其总结如下：

（1）整数中有两个特殊的数，0与1，有两个基本运算：加法与乘法，任何两个整数相加或相乘还是整数；

（2）整数的加法与乘法满足五大运算定律；

（3）每个整数和0相加都不会变，每个整数和1相乘也都不会变；

（4）每个整数都存在相反数，相反数也是整数，整数和它的相反数相加等于0。

注意，有理数算术系统中的第五条基本性质不成立了，因为绝大部分非零整数的倒数已经不是整数了。我们将整数及其加乘运算统称为整数算术系统。

提问时间

1.10.1　计算 $\left(-\dfrac{3}{4}\right) \times \left(-\dfrac{2}{5}\right)$；$2 \times \left(-\dfrac{2}{7}\right)$。

*1.10.2　利用有理数算术系统的5个基本性质推导出"任何有理数乘以0都等于0"。

*第十一节　从分数到小数

小数最早是作为特殊的分数引入的，比如 $0.1 = \dfrac{1}{10}$，$2.7 = \dfrac{27}{10}$，$3.14 = \dfrac{314}{100}$，$0.007 = \dfrac{7}{1000}$。这一类分数的特殊之处在于分母只能是 1，10，100，1000，10000…我们把这种长度有限的小数称为有限小数。注意自然数都可以看作小数，比如 $5 = 5.0 = 5.00$。

比起分数，小数之间更容易比较大小，即使单独给出一个小数，人们也能更准确地把握它的大小。因此小数在现实中有更广泛的用途，比如用刻度尺测量长度的时候，结果往往都是用小数表示，超市中的许多标价也都是用小数表示，比如 8.5 元。

也正是基于同样的原因，人们常常需要把分数转化成小数。分数如果想转化成自然数可能会碰到余数无法平均分，但是转化成小数的时候每个余数都可以继续平均分。以 $\dfrac{25}{4}$ 为例，25 平均分成 4 份会余出 1。但是如果把 1 看成小数的话，它其实是 10 个 0.1，所以还可以继续平均分，余出 2 个 0.1，也就是 0.2。0.2 又可以看成是 20 个 0.01，这时可以彻底平均分了。最终的转化结果是 $\dfrac{25}{4} = 6.25$。类似的例子还有 $\dfrac{3}{5} = 0.6$，$\dfrac{4}{25} = 0.16$。

但是大部分分数，如果按照这种方式转化，余数会不断地出现，

转化出来的小数也变成无限长。例如

$$\frac{1}{7} = 0.14285714285714285714285 \cdots$$

$$\frac{4}{9} = 0.4444444444444 \cdots$$

$$\frac{2}{11} = 0.18181818181818 \cdots$$

这种无限长的小数为无限小数。在这里可以提很多问题，例如

问题 18：无限小数是永远也写不完的，那这样的数真的存在吗？

问题 19：哪些分数会转化成有限小数，哪些分数会转化成无限小数？

观察上面4个无限小数，会发现每个小数从某个数字开始会连续不断地重复出现一个固定的数组，比如由 $\frac{1}{7}$ 转换成的小数在小数点后面会连续不断地重复出现 142857，这种无限小数称为无限循环小数，把其他的无限小数称为无限不循环小数，比如

$$0.1010010001000010000010000001 \cdots$$

如果把这个无限小数中的一些0随意换成2，3，…，9，得到的仍然是无限不循环小数（你知道为什么吗），所以，无限不循环小数非常多！

如果拿更多的分数 $\frac{1}{8}$，$\frac{2}{13}$，$\frac{4}{17}$，$\frac{11}{30}$，…转化成小数，你会发现结果要么是有限小数，要么是无限循环小数。小学数学老师往往会直接

告诉学生这个结论，但是好奇心强的孩子可能会问：

问题20：为什么分数总会转化成有限小数或无限循环小数？

以分数 $\frac{1}{7}$ 为例解释这个问题，一个自然数被7除出现余数的时候，余数只能是1，2，3，4，5，6中的一个，所以余数只有有限多种。1除以7，如果一直除不尽的话，余数就会不断出现。但是被7除出现的余数只有有限个，所以一定会有一个余数再次出现

```
        0.1428571...
   7 / 1.0
       7
       30
       28
        20
        14
         60
         56
          40
          35
           50
           49
            10
             7
             30
```

上面1除以7的计算过程中，一开始1就是余数。后来余数1再次出现，余数1再次出现后的计算和刚开始的计算是完全一样了，所以会

发生循环现象。如果用其他分母更大的分数，例如 $\frac{12}{47}$ 来替换 $\frac{1}{7}$ 的话，那么余数就有46种，虽然很多，但仍然是有限的。12除以47，如果一直除不尽的话，余数就会不断出现。但是只要余数是有限的，就一定会有一个余数再次出现，循环现象就一定会发生。

回答完问题20，新的问题又来了！既然每个分数都可以写成有限小数或者无限循环小数的形式，而有限小数又是特殊的分数，那么自然有人会问：

问题21：是不是所有的无限循环小数都是分数？

以 0.707070707070… 为例来说明。

这个数的100倍 70.707070707070… 减去这个数后，变成70。但是一个数的100倍减去这个数本身不正是99倍吗？所以 0.707070707070… 的 99倍正是70，即 $\frac{70}{99}$ = 0.707070707070…

再回到这个结论：每个分数都可以写成有限小数或者无限循环小数的形式。既然如此，那么无限不循环小数，比如 0.10100100010000100000100000001…就不是分数了？！

哎呀，数的家园迎来了一大堆新成员！在正式接纳它们之前，我们要做数的身份验证，看看它们是不是"合格"的数，有没有加减乘除运算，会不会满足五大运算律。

但是麻烦来了！有限小数和无限循环小数都是分数，可以用分数的加减乘除法则。无限不循环小数怎么办呢？如果拿两个无限不循环小数用竖式计算做加减法，可能会碰到无限次进位退位。

至于无限不循环小数做乘法竖式计算，那更是不可能了。所以在正式接纳无限不循环小数作为数的家园的正式成员之前，首先要回答这样一个问题：

问题22：如何定义小数（包括有限小数和无限小数）的加减乘除运算？

提问时间

1.11.1　将 $\dfrac{1}{13}$ 和 $\dfrac{3}{11}$ 转化为小数。

1.11.2　将无限循环小数 0.370370370370370⋯转化为分数，用同样的方法说明 $1 = 0.99999999999⋯$。

*第十二节　数轴——数与长度之间的对应

在第八节中，我们将所有有理数都安置在了数轴上，每个有理数都对应着数轴上的点。那么反过来，会有个自然的问题：

问题23：是不是数轴上每个点都对应着一个有理数？

这一节的内容——数与长度之间的对应将告诉我们数轴上除了有理数点外，还有大量的其他点。

首先要做的，就是让数轴上处在原点右边的点与小数对应。先任意给定这样一个点，用绿色箭头标出，称为绿点。

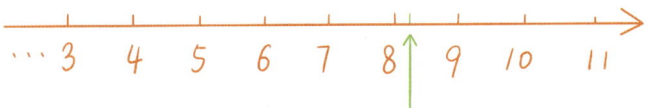

这个绿点所对应的数要么是自然数（这种情况就不必再考虑了），要么介于两个相邻的自然数之间，比如8与9之间。那么这个点对应的小数的个位数就是8。接下来将介于8与9之间的线段10等分，则等分点分别对应小数8.1，8.2，…，8.9。这个绿点要么是等分点（这种情况对应的数为有限小数，不必再考虑了），要么介于两个相邻的等分点之间，比如8.2与8.3之间，那么这个绿点对应的小数的十分位数就是2。

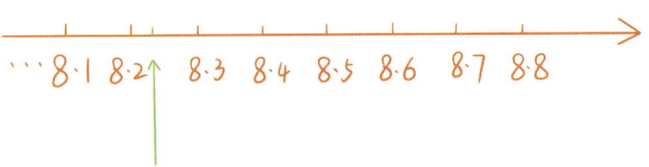

接下来再将介于8.2与8.3之间的线段10等分，则等分点分别对应小数8.21，8.22，…，8.29。这个绿点要么是等分点（这种情况对应的数为有限小数，不必再考虑了），要么介于两个相邻的等分点之间，比如8.24与8.25之间，那么这个绿点对应的小数的百分位数就是4。接下来再将介于8.24与8.25之间的线段10等分……

按照这种方法一直做下去，这个点要么对应一个有限小数，要么对应着一个无限小数8.24…，反过来，每个小数也都对应着原点右边的一个点。因此，数轴就像一把抽象的尺子，上面刻满了各种有限小数和无限小数，任何长度都可以用这把抽象尺子精确测量。

为了让数轴上原点左边的每个点也对应一个数，我们引入小数的相反数，例如3.2760351…的相反数是−3.2760351…，两个数对应的点关于原点是对称的。将有限小数，无限小数及其相反数统称为实数，这样所有的实数和数轴上的所有点就有了完整的一一对应。和有理数类似，可以定义正实数，负实数，正负号，实数绝对值，等等。

那么，该如何定义实数的加减乘除运算呢？

之前讲过，让所有有理数都加上同一个有理数，可以看成是数轴的左右平移；让所有有理数都乘以一个正数，可以看成是数轴的伸缩；让所有有理数都乘以−1可以看成是整条数轴旋转了180°。

现在实数和数轴上的点已经可以完整地对应了。这就启发我们将加上一个实数定义为整条数轴的平移，比如加上3.2760351…就是将整条数轴右移3.2760351…，加上−4.5267923…就是将整条数轴左移4.5267923…。至于减法，还是和以前一样，定义为加上相反数。

如何验证加法交换律和结合律呢？任意给两个实数，比如6.41…和−8.27…加上这两个数对应着数轴的两种平移。如果对数轴先做第一种平移，再做第二种平移，原点移到了点6.41…+(−8.27…)。如果对数轴先做第二种平移，再做第一种平移，原点移到了点−8.27…+6.41…。但是注意到，不论先做哪个平移，最终的效果都是一样的。所以

$$6.41\cdots+(-8.27\cdots)=-8.27\cdots+6.41\cdots。$$

把这两个数换成其他实数等式照旧成立，所以交换律总是成立的。

如何验证结合律呢？比如如何说明等式

$$2.65\cdots + \left[-0.91\cdots + (-5.24\cdots) \right] = \left[2.65 + (-0.91\cdots) \right] + (-5.24\cdots)$$

注意加上 $2.65\cdots$ 和加上 $-5.24\cdots$ 分别代表两种平移，等式左边表示对点 $-0.91\cdots$ 先做第二种平移，再做第一种平移后的位置，等式右边表示先做第一种平移，再做第二种平移后的位置。因为两次平移的先后顺序不改变最终的效果，所以等式成立。在这里，可能有读者会问：

问题 24：对数轴做两次平移时，为什么两次平移的先后顺序不改变最终的效果？

这确实是个问题，希望下图能启发读者自己回答这个问题，其中同色的线段长度相等。

实数乘法更加棘手。似乎可以将所有实数都乘以一个正实数，定义为整条数轴保持原点不动的均匀伸缩，比如乘以 $2.14\cdots$ 就是保持原点不动，让整条数轴均匀伸长，使得 1 伸长到 $2.14\cdots$ 的位置。将所有实数乘以 -1 定义为整条数轴旋转了 $180°$，而所有实数乘以负实数就是定义为旋转加伸缩。还可以定义倒数，比如保持原点不动，让整条数轴均匀伸长，使得 1 伸长到 $2.14\cdots$ 的位置时，一定有唯一一个点伸长到了 1 的位置，我们就将 $2.14\cdots$ 的倒数定义为这个点所对应的实数，而除以一个实数可以定义为乘以它的倒数⋯

如此定义出实数乘除法之后，该如何解释乘法交换律和乘法结合律总是成立的呢？和解释加法交换律和加法结合律类似，我们需要说明对数轴做两次保持原点不动的均匀伸缩变换时，两次伸缩的先后顺序不改变最终的变换效果。但是这里又会有人问：

问题25：对数轴做两次保持原点不动的均匀伸缩变换时，为什么两次伸缩的先后顺序不改变最终的变换效果？

这个问题比两次平移的问题更难回答。即使回答了这些问题，又该如何说明分配律总是成立的呢？

诸如"平移""伸缩"这样的词代表的是一种更接近现实，更物理化的名词，相比较之下加减乘除运算更接近数学本质。用"平移""伸缩"这样的词来定义加减乘除运算，即使能自圆其说，也难免给人一种本末倒置的感觉。

实数可以与数轴上的点建立完整的一一对应关系，实数的加减乘除运算与数轴的平移、伸缩、旋转也应该直接挂钩。考虑到实数有如此美好的性质，如果能让数的家园扩充为实数自然是极好之事。但是在为实数做身份验证的时候，却碰到了如此之多的质疑。这迫使我们不得不严肃地提出：

问题26：如何严格定义实数的加减乘除运算，如何验证实数运算满足五大运算定律？

这个问题的完整回答已经超出了初等数学的范围。不过，仍然可以给出一个很初步的说明。

请注意到一个非常重要的现象：引入分数作为自然数的扩充时，分数的加减乘除运算也是作为自然数的加减乘除运算的扩展，而自然数运算满足五大运算定律又可以推出分数运算满足五大运算定律。同样地，引入有理数及其运算，也是作为分数及其运算的扩展，是在分数运算满足五大运算定律的基础上说明有理数运算满足五大运算定律。因此，从自然数及其运算，到分数及其运算再到有理数及其运算，这是一脉相承的。现在，为了定义实数运算，验证五大运算定律，我们把有理数的加减乘除运算满足五大运算定律作为出发点。

其实每个实数都可以看成是一串有理数的无限逼近，例如 $-3.2749351\cdots$ 可以看成是 -3，-3.2，-3.27，-3.274，-3.2749，$-3.27493\cdots$这一串有理数的无限逼近。至于实数的加减乘除运算，就可以定义为有理数运算的无限逼近，例如，$-3.2749351\cdots + 5.23908736\cdots$ 就可以看成是 $-3+5$，$-3.2+5.2$，$-3.27+5.23$，$-3.274+5.239$，$-3.2749+5.2390$，$-3.27493+5.23908\cdots$的无限逼近。这时从有理数加减乘除运算满足五大运算定律就可以推出实数加减乘除运算也满足五大运算定律。

当然了，完整地回答问题26需要严格的实数理论，这属于高等数学的范围，需要较长的篇幅，上面仅仅是初步的说明，希望能让读者相信，在实数上确实可以严格地定义加减乘除运算，而且与有理数一样，所有实数也满足下面这5条基本性质：

（1）实数中有两个特殊的数，0与1，有两个基本运算：加法与乘法，两个实数相加或相乘还是实数；

（2）实数的加法与乘法满足五大运算定律；

（3）每个实数和0相加都不会变，每个实数和1相乘也都不会变；

（4）每个实数都存在相反数，相反数也是实数，实数和它的相反数相加等于0；

（5）每个非零实数都存在倒数，倒数也是实数，非零实数和它的倒数相乘等于1。

所以，所有实数及其运算也构成一套算术系统，称为实数算术系统，这是一个比有理数算术系统更大的算术系统。我们将不是有理数的实数，即无限不循环小数，称为无理数。

提问时间

1.12.1 请问一个有理数加上一个无理数，结果是有理数还是无理数？一个无理数加上一个无理数呢？

1.12.2 请问一个有理数乘以一个无理数，结果是有理数还是无理数？一个无理数乘以一个无理数呢？

1.12.3 对数轴先作一次平移变换再作一次伸缩变换，和先作伸缩变换再作平移变换，最终的效果是一样的吗？（提示，利用加法乘法分配律。如果说加法交换律、加法结合律的实质是数轴两次平移变换的可交换性，乘法交换律、乘法结合律的实质是保持原点不动的两次伸缩变换的可交换性，那么加法乘法分配律的实质就是量化平移变换和伸缩变换的不可交换性）

*第十三节 回到起点1，2，3，…

凡是跟随到这里的读者，都已经和我们一起经历了从自然数，到分数，再到有理数，最后再到实数的数系扩充历程，对算术的本质也有了深入的理解。但是，即使重新回到起点，回到看似最简单的自然

数1，2，3，…中去，仍然会碰到大量崭新的概念和困难的问题。

首先是与乘法相关的两个概念，因数和倍数。一个正整数如果能写成两个正整数的乘积，那么这两个相乘的数就称为是原先这个正整数的因数，例如，$18 = 18 \times 1 = 9 \times 2 = 6 \times 3$，因此1，2，3，6，9，18都是18的因数。一个正整数的倍数是指它与某个正整数的乘积，例如$6 \times 1 = 6$，$6 \times 2 = 12$，$6 \times 3 = 18$，$6 \times 4 = 24$，$6 \times 5 = 30$，…都是6的倍数，被6除是没有余数的，也称被6整除。例如5，10，15，20都是5的倍数，都能被5整除。我们将2的倍数称为偶数，不是偶数的整数称为奇数，例如1，3，5，7，…都是奇数。因数和倍数是两个相互依存的概念，比如$8 \times 9 = 72$，所以8和9都是72的因数，而72是8和9的倍数。

由倍数概念还可以引出公倍数和最小公倍数的概念。假如一个邮递员每6天送一次报纸到你家，每9天送一次杂志到你家，而今天邮递员恰巧同时送来了报纸和杂志，那么请问下一次邮递员同时送来报纸和杂志是在几天之后呢？

接下来邮递员送报纸的时间分别是（6的倍数）

6天后，12天后，18天后，24天后，30天后，36天后……

而接下来邮递员送杂志的时间分别是（9的倍数）

9天后，18天后，27天后，36天后，45天后，54天后……

比较之后，我们发现接下来邮递员同时送报纸和杂志的时间就是

18天后，36天后，54天后……

把这些既是6的倍数，又是9的倍数的数称为6和9的公倍数，而公倍数中最小的那个数18称为6和9的最小公倍数。上面这个问题其实

就是求 6 和 9 的最小公倍数。再比如，10 与 15 的公倍数是 30，60，90…最小公倍数是 30。

同样地，由因数概念还可以引出公因数和最大公因数的概念。例如，18 的所有因数是 1，2，3，6，9，18，而 12 的所有因数是 1，2，3，4，6，12，其中既是 18 的因数，又是 12 的因数的数称为 12 和 18 的公因数。所以 12 和 18 的所有公因数是 1，2，3，6，而其中最大的那个数 6 称为 12 和 18 的最大公因数。

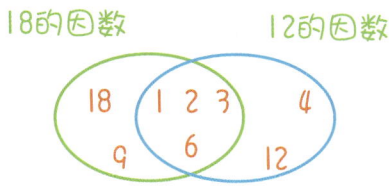

在现实的铺砖问题中也会出现最大公因数。如果你要用正方形的瓷砖铺满一面宽为 18 分米，高为 12 分米的水泥墙，那么要选边长为几分米的瓷砖呢？最大能选多大的瓷砖呢？

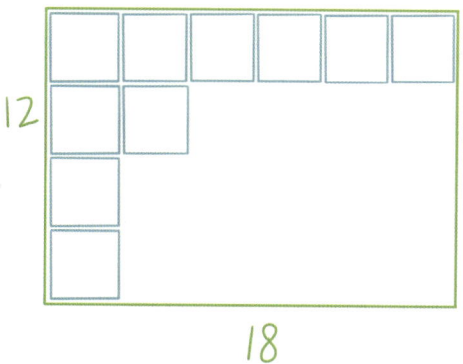

因为要铺满整面水泥墙，瓷砖边长的某个倍数必须等于高 12，因此瓷砖边长必须是高 12 的因数；根据同样的道理，瓷砖边长也必须是宽 18 的因数。所以要铺满整面水泥墙，瓷砖的边长必须是 12 和 18 的公因数，能选的最大瓷砖的边长就是宽和高的最大公因数。

从因数的概念还可以引申出一个非常核心的概念——素数。任何大于1的正整数都至少有两个因数，1和它本身，例如1和6都是6的因数。如果一个大于1的正整数，只有两个因数——1和它本身，此外没有其他因数，我们就称它是素数。

根据这个定义，1不是素数，而2，3，5，7，11，13，17，19，23，29和31都是素数。素数的特征是它不能分解为两个更小的正整数的乘积，所以4，6，8，15，21和24都不是素数，因为

$$4 = 2 \times 2；6 = 2 \times 3；8 = 2 \times 4；15 = 3 \times 5；21 = 3 \times 7；24 = 8 \times 3。$$

注意了，虽然这些数不是素数，但它们都可以一直分解下去，直到最后分解为素数的乘积，比如

$$24 = 8 \times 3 = 4 \times 2 \times 3 = 2 \times 2 \times 2 \times 3。$$

所以素数像是自然数世界的原子，所有大于1的自然数要么是素数，要么可以分解成素数的乘积，而素数本身不能继续分解为两个更小的自然数的乘积。关于素数有个非常自然的问题：

问题27：是不是有无限多个素数？

我们都知道有无限多个自然数，不管自然数写到多大，加上1又会产生更大的数。但这根本不足以说明素数也有无限多个，因为素数是非常特殊的自然数。如何说明有无限多个素数呢？最直接的方法就是不停地，疯狂地寻找更多的素数

2，3，5，7，11，13，17，19，23，29，31，37，41，43，47，53，59，61，67，71，73，79，83，89，97，101，103，107，109，113，…

当你找到许多个素数的时候，你可能会跑到我面前说："看！我不断地找下去，总能发现新的素数，所以，肯定有无限个素数。"

这个理由可以说服很多人相信确实有无限多个素数，因为许多人会把很多，非常多，非常非常非常多，等同于是无限。例如人们常常说：

"我看到天上有无数颗星星！"

但是有限和无限是有本质不同的，有限的事物，无论数量多庞大，还是有限的。不管我们用肉眼，还是用最先进的天文望远镜，观测到的星星永远都只有有限个。同样的道理，无论花多长时间，无论寻找到了多少素数，所找到的素数永远都是有限个，谁敢保证我们能持续不断地找到新的素数。

所以，如果要绝对严格地证明素数有无限多个，需要采取一种全新的论证方式。

首先，假设素数的个数是有限的！

那就可以把所有的素数按照从小到大的顺序完全写下来，一个不漏

$$2，3，5，7，11，13，17，\cdots$$

这有限个素数可能非常非常多，完全写下来可能会花很长很长的时间，但是，只要是有限的，就能在有限的时间内写完。接下来我们让这有限个素数全部相乘，再把这个乘积加上 1（为什么要加上 1 呢？这恰恰是整个证明过程中最精妙的地方，读者看到后面将会恍然大悟），就会得到一个很大的正整数

$$(2 \times 3 \times 5 \times 7 \times 11 \times 13 \times 17 \times \cdots) + 1。$$

前面讲过，这样的正整数要么是素数，要么可以分解为素数的乘积。总之 $(2 \times 3 \times 5 \times 7 \times 11 \times 13 \times 17 \times \cdots) + 1$ 一定是某个素数 p 的倍数。但是，在 $(2 \times 3 \times 5 \times 7 \times 11 \times 13 \times 17 \times \cdots)$ 中已经出现了所有素数，p 自然也在其中出现，所以 $(2 \times 3 \times 5 \times 7 \times 11 \times 13 \times 17 \times \cdots)$ 也是 p 的倍数。

既然 $(2 \times 3 \times 5 \times 7 \times 11 \times 13 \times 17 \times \cdots) + 1$ 和 $(2 \times 3 \times 5 \times 7 \times 11 \times 13 \times 17 \times \cdots)$ 都是 p 的倍数，那么 1 作为它们的差自然也是素数 p 的倍数，但是 1 不可能是某个素数的倍数，这就导致矛盾，所以最初的假设是错误的，素数有无限多个。

这种证明方法称为反证法，假设所要证明的结论是错误的，然后在这个假设的基础上推导出矛盾。推导出矛盾说明之前肯定有一个环节出错，如果整个推导过程都没问题，那就说明原先的假设是错的！

关于素数还有许多未解之谜。间隔为 2 的两个素数称为孪生素数，例如 5 和 7，11 和 13，还有 29 和 31 都是孪生素数。虽然在计算机的帮助下，人类已经找到了许许多多的孪生素数，但到现在为止数学家还不知道是否存在无限多对孪生素数。

$4 = 2 + 2$，$6 = 3 + 3$，$8 = 5 + 3$，$10 = 3 + 7$，$12 = 5 + 7$，$14 = 11 + 3$，…这些等式似乎表明每个大于 2 的偶数都可以写成两个素数的和，但到目前为止数学家也不知道这个结论是不是对的。

问题28：你能否找到关于素数的更多规律?

提问时间

1.13.1　计算 6 和 8，10 和 15，10 和 12，20 和 24 这 4 对数的最大公

因数和最小公倍数，将每对数的最大公因数和最小公倍数相乘后你会发现什么规律？

1.13.2 被2整除的正整数有什么特征，被5整除的正整数有什么特征？为什么会有这些特征？

1.13.3 观察3的倍数，并注意它们的数字和，例如15的数字和就是 $1 + 5 = 6$，45的数字和就是 $4 + 5 = 9$，102的数字和就是 $1 + 0 + 2 = 3$。能否发现它们的特征，能否解释为什么会有这种特征？

第二章

几何初步

　　最早的几何学起源于人们对空间结构和万物形状的认识。几何中最基本的概念都可以在现实生活中找到根源，点的概念是对位置的抽象；直线和长度概念是对笔直的事物和行程距离的抽象；从我们日常熟悉的各种光线中可以抽象出射线的概念；登高凭栏处的观察视野可以抽象出角和角度的概念；面积概念来源于对土地的测量；体积的概念来源于对谷仓和各种器皿容量的计算……

第一节　点与直线

　　在日常生活中，我们经常使用"位置"这个词，但是从数学上看，这个词是非常模糊的。例如，一个人的位置，究竟是指他的头的位置，还是双脚的位置？这两个不同的位置都可以用来指人的位置，头的位置肯定比这个人的位置更精确。但是头的位置也是模糊的，这究竟是指嘴巴的位置，鼻子的位置，还是左眼或者右眼的位置？所以鼻子的位置又比头的位置精确，而鼻尖的位置又比鼻子的位置精确……

　　如果想无限精准地确定位置，就会抽象出"点"的概念，这是几何中最基本的概念之一。几何中的点，就是指空间中无限精确的位置，点不会占据任何空间，没有大小，厚度，长度。

　　和点的概念同样重要的是直线的概念。被拉直的细长头发丝，两边都望不到尽头的直行铁轨，参天大树的笔直树干，这些事物有个共同点，就是又直又长，当专注于这个共同点时，就会抽象出直线的概念。直线只有长度，没有粗细，宽度和厚度，而且是往两边方向无限延伸。直线这个概念其实并不陌生，在第一章中多次讲述的数轴就是直线。

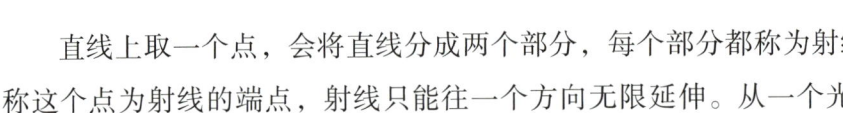

直线上取一个点，会将直线分成两个部分，每个部分都称为射线，称这个点为射线的端点，射线只能往一个方向无限延伸。从一个光源射出的每条光线都可以看成是一条射线。如果在直线上取两个点，那么直线在两点之间的部分就称为线段，线段的长度就是这两点的距离。

在同一个平面上的两条不同直线常常会相交于一个点。如果两条直线无论如何延伸都不会相交，就称它们是平行直线。

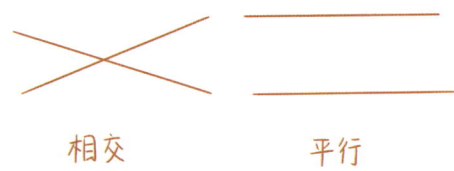

相交　　　　平行

第二节　角度

常识告诉我们，越靠近窗户，往外看的视野越宽阔。

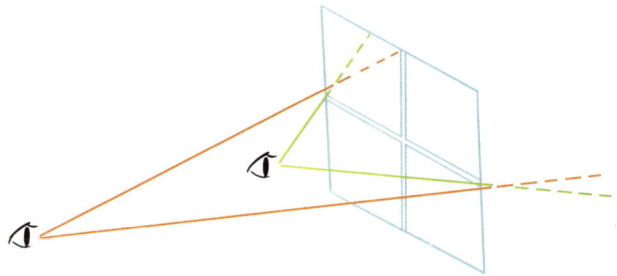

　　将这种观看视野抽象出来，就会形成角的概念。角是指从同一端点出发的两条射线所围成的平面区域，这两条射线称为角的边。

　　如果移动左边的角，让它的端点和一条边与右边的角的端点和一条边重合，就可以比较两个角的大小。

　　除了比较大小，这两个角还可以相加减。

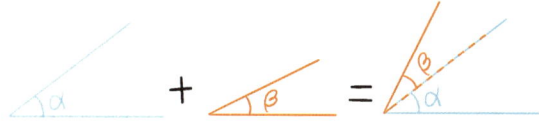

　　角的大小称为角度，为了更便捷地衡量角度，将一条射线绕端点旋转一周划过的整个平面区域平均分成360个角，每个角的大小就是1°。

（读作1度）。因此按照这个规定，周角是360°（读作360度）。划过半周的角就是180°，将这样的角称为平角。平角的一半就是90°，称为直角。

这里，可能有人会问：

问题29：为什么要规定周角是360°？为什么要用360这个数？

这个问题当然有历史演化的原因，不过也可以给出一个直接的解释。在关于角度的应用中，经常会碰到将周角平均分的情形，而360是可以被2，3，4，5，6，8，9，10，12整除（平均分）的最小正整数。这样的数既不会太大导致相关计算变复杂，又非常适合平均分。

大于0°，小于90°的角称为锐角，大于90°，小于180°的角称为钝角。

将一个小于180°的角的一个边沿反方向延伸后，与另一个边形成一个新的角，称为原来角的补角。任何一个角和它的补角相加都等于180°。

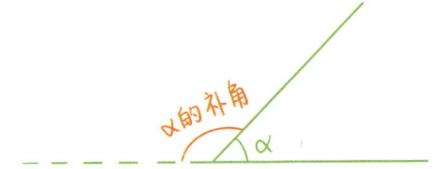

称两条直线是垂直的，指它们相交所成的角是直角，这时也称一条直线是另一条直线的垂线，交点称为垂足。以下图长方形 *ABCD* 为例，边 *AB* 是边 *BC* 的垂线，垂足为 *B*；边 *AD* 是边 *DC* 的垂线，垂足为 *D*。

第三节　面积

　　面积可以直观地解释为平面图形所占据区域的大小。选择用边长为1厘米的正方形作为单位正方形来衡量面积大小，规定单位正方形的面积是1平方厘米。长为5厘米，宽为3厘米的长方形可以分成 $5 \times 3 = 15$ 个单位正方形。

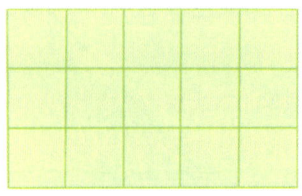

因此，长为 5 厘米，宽为 3 厘米的长方形的面积就是 5×3=15 平方厘米。根据同样的道理，长和宽都是整数厘米的长方形的面积都是等于长乘宽。数学课本中常常由此直接给出结论：

所有长方形的面积都是等于长乘宽

但是许多长方形的长和宽并不是整数，所以难免有好奇心强的学生会问：

问题 30：为什么长方形的面积是等于长乘宽？

其实长和宽都是分数的长方形的面积也是等于长乘宽。例如考虑长和宽分别是 $\frac{8}{3}$ 厘米和 $\frac{4}{7}$ 厘米的小长方形。长和宽分别是 8 厘米和 4 厘米的大长方形的面积是 8×4 平方厘米。如果将大长方形的长 3 等分，宽 7 等分，就会将大长方形平均分成 3×7 个小长方形。因此小长方形的面积就是 $\frac{8\times4}{3\times7}=\frac{8}{3}\times\frac{4}{7}$ 平方厘米。

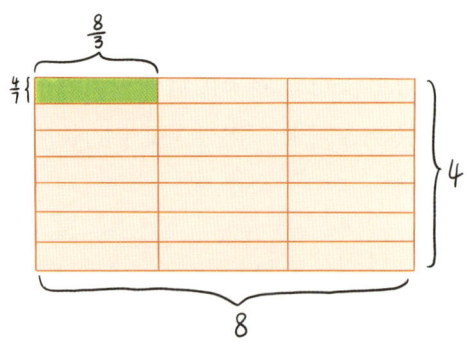

两组对边都平行的四边形称为平行四边形。过一条边的顶点作对边的垂线，顶点到垂足的线段称为对边的高。

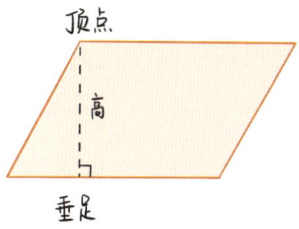

如何计算平行四边形的面积呢？数学课本中往往会通过割补的办法给出

平行四边形的面积 = 底 × 高

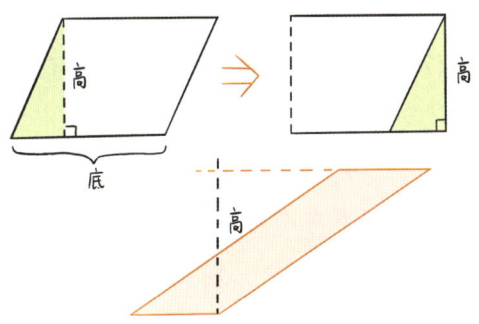

但是对于又细长又倾斜的平行四边形，这种方法就无效了，因为简单的切割补不成一个长方形。如果有学生发现了这个问题，可能就会问：

问题 31：为什么所有平行四边形的面积总是等于底 × 高？

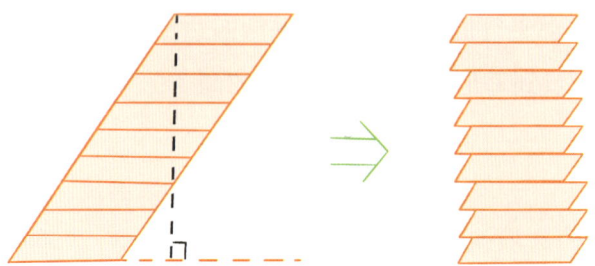

如果把平行四边形沿水平方向平均分割成相等的许多份，然后让它们竖直地对齐，分割的份数越多，形成的图形就越逼近一个长方形，长方形的长和宽分别等于原先平行四边形的高和底。所以可以认为平行四边形的面积等于底×高。问题31刚回答完，新的问题又来了，平行四边形有两组对边，所以有两种高，所以也有两种计算面积的方式。

问题32：两种计算平行四边形面积的方式得到的结果总是一样的吗？

先跳过这个问题。接下来考虑三角形的面积。过三角形的一个顶点做对边的垂线，顶点到垂足的线段称为对边的高。

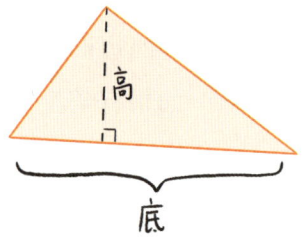

注意两个形状相同的三角形可以拼成一个平行四边形，这时三角形的高正是平行四边形的高，由此可以得出

$$三角形的面积 = \frac{1}{2} \times 底 \times 高。$$

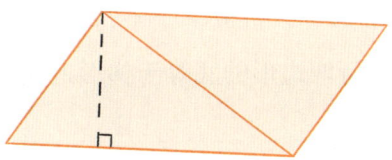

和平行四边形类似，三角形有 3 条边，对应着 3 条高，所以有 3 种计算面积的方式，所以也可以提类似的问题：

问题33：3 种计算三角形面积的方式得到的结果总是一样的吗？

例如，会不会碰到这样的三角形，一条边和对应的高分别是 7 和 5，另一条边和对应的高都是 6，这时用两种方法计算出来的面积就是

$$\frac{1}{2} \times 7 \times 5 \neq \frac{1}{2} \times 6 \times 6。$$

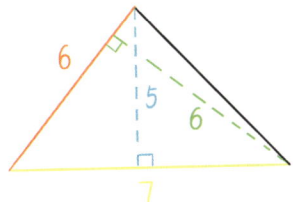

问题 32 与 33 留给读者自己思考。接下来考虑梯形的面积。梯形是指只有一组对边平行的四边形。两条平行边较短的称为上底，较长的称为下底。过上底的顶点作下底的垂线，顶点到垂足的线段称为梯形的高。

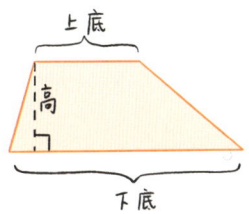

两个形状相同的梯形可以拼成一个平行四边形，这时梯形的高变成平行四边形的高，平行四边形的底等于梯形上底加下底。

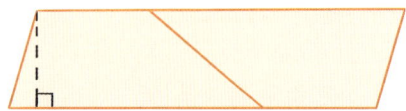

由此可以得出

$$梯形的面积 = \frac{1}{2} \times (上底 + 下底) \times 高。$$

最后考虑如何求多边形的面积。这个问题看似很简单，因为每个多边形都可以剖分为几个三角形，只需利用三角形面积公式求出这几个三角形面积，然后相加就得到多边形的面积。

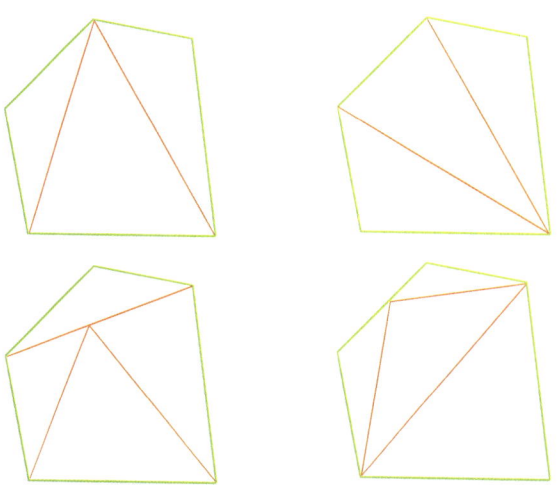

但是，同一个多边形，可以有许多种方式剖分成若干个三角形。所以问题又来了：

问题34：一个多边形用不同方式剖分成若干个三角形，所求出的三角形的面积之和总会相等吗？

提问时间

2.3.1　判断下面两个图形的面积是否相等？

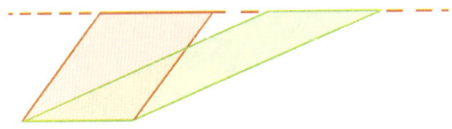

2.3.2　求下列两个三角形的面积（所标的长度单位都是厘米）。

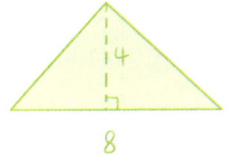 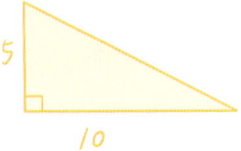

2.3.3　请思考三角形面积公式、平行四边形面积公式与梯形面积公式之间的关联。

第四节 圆的周长和面积

介绍圆之前，先介绍比值的概念。

如果要判断上面这两个长方形形状是否一样，只需判断 $4.5 \div 3$ 和 $3 \div 2$ 是否相等。我们将两个量相除的结果称为比值。例如 $4.5 \div 3$ 就是 4.5 和 3 的比值，也记作 $4.5 : 3$ 或者 $\dfrac{4.5}{3}$。比值的特征是两个量同时乘以一个正数，它们的比值保持不变。表示两个比值相等的式子叫做比例式，比如 $4.5 : 3 = 3 : 2$，$6 : 8 = 30 : 40$。

比值并不是什么新的概念，但可以使得表述变得简洁。长和宽比值相等的两个长方形形状是一样的，盐和水比值相同的两杯水味道也是一样的。

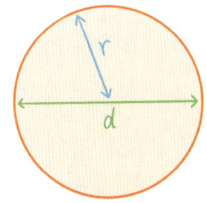

有用圆规画过圆的读者都应该知道，圆上每个点到圆心的线段长度都是相等的，这种线段称为半径，记作 r。连接圆上两点的线段，如果过圆心，就称为直径，记作 d，d 等于 $2r$。另一个很重要的概念是圆的周长，记作 C，就是把圆周拉直成线段的长度。

如果将一个圆放大至 3 倍，那么直径也变成原先的 3 倍，周长也变成原先的 3 倍，将 3 替换成其他数字也是一样的。所以所有圆的直径和周长的比值都是一样的。写成比例式就是 $C:d = C':d'$，这里 d' 和 C' 分别表示另一个圆的直径和周长。

将圆的周长 C 和直径 d 的比值称为圆周率，记作 π，那么圆的周长公式就是 $C = \pi d = 2\pi r$。教科书一般会直接告诉学生 $\pi = 3.1415926\cdots$ 是无限不循环小数。但是难免有学生会问：

问题 35：如何计算得出圆周率的近似值？为什么它是无限不循环小数？

这两个问题牵涉的内容和历史非常之多，已经远远超出本书的范围。关于圆周率还有大量有趣深刻的公式和结论，在此仅举一例，希望能让读者眼睛一亮

$$\frac{\pi}{4} = 1 - \frac{1}{3} + \frac{1}{5} - \frac{1}{7} + \frac{1}{9} - \frac{1}{11} + \frac{1}{13} \cdots$$

最后考虑圆的面积。沿着直径将圆分割成形状相同的等份，然后按下图的方式拼成一个近似长方形。

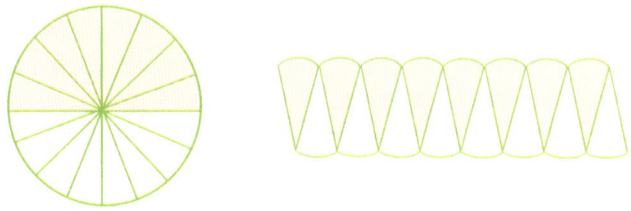

当分割的份数越多，拼成的图形越无限逼近一个长为 $\dfrac{C}{2} = \pi r$，宽为 r 的长方形，因此圆的面积公式就是

$$S = \pi r^2$$

提问时间

2.4.1 请判断边长为 3 厘米的正方形和直径为 4 厘米的圆，哪个周长更长。

2.4.2 请判断长为 6 厘米，宽为 5 厘米的长方形和直径为 6 厘米的圆，哪个面积更大。

2.4.3 请计算等式

$$\frac{\pi}{4} = 1 - \frac{1}{3} + \frac{1}{5} - \frac{1}{7} + \frac{1}{9} - \frac{1}{11} + \frac{1}{13} \cdots$$

两边的近似值，并比较结果。

第五节 体积

如果说面积可以解释为平面图形所占据区域的大小，体积就可以解释为立体图形所占据的空间大小。和面积类似，用边长为1厘米的正立方体作为单位立方体来衡量体积大小，规定单位立方体的体积是1立方厘米。和求长方形面积类似的理由可以说明：

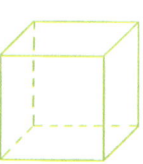

长方体体积 = 长 × 宽 × 高

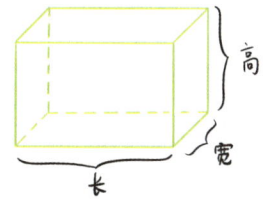

一个平面图形，沿着与平面垂直的方向向上平移，所划过的空间图形，称为柱体，划过的距离称为柱体的高，原先的平面图形称为柱体的底面。

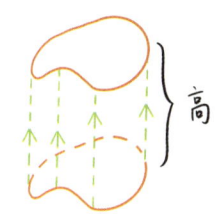

如果底面是圆，就称这种柱体为圆柱。圆柱在现实生活和自然界中常常碰到，比如被截成一段一段的树干、房屋的梁柱、蜡烛等。

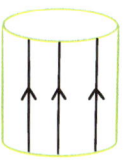

所有的长方体都是底面为长方形的柱体，所以长方形的体积是等于底面面积×高。实际上：

柱体体积 = 底面面积 × 高

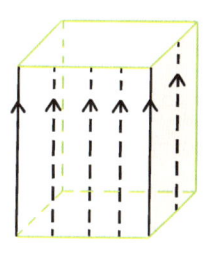

最后介绍圆锥。圆锥是指下面这类立体图形，其中尖点是在底面圆心的正上方，尖点和圆心的距离称为圆锥的高。

在一个黑暗的房间中，打开手电筒正对着墙面，这时光线形成的立体图形就是一个圆锥，墙面上被照亮的区域就是圆锥的底面，手电筒的位置就是圆锥的尖点。

有些小学数学课本是利用实验的方法来得出圆锥的体积公式的，用一个圆锥形容器盛满水倒入一个同底等高的圆柱容器，倒3次后圆柱容器刚好满了，所以圆锥体积等于同底等高圆柱体积的 $\frac{1}{3}$。

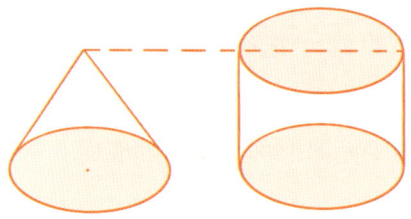

根据柱体体积公式，得到

$$圆锥体积 = \frac{1}{3} \times 底面面积 \times 高。$$

但是这种实验的方法并不能说服所有学生，好奇心强的学生难免会问：为什么用圆锥容器盛水倒入3次后，同底等高的圆柱容器刚好会满？或者

问题36：为什么圆锥的体积等于同底等高圆柱体积的 $\frac{1}{3}$？

第十章会详细解释这个问题。

提问时间

2.5.1　一个底面半径为3厘米、高为9厘米的圆柱容器盛满水，倒入一个底面半径为4厘米、高为15厘米的圆锥容器，能倒满吗？

2.5.2　一个长为12米，宽为5米，高为4米的方形粮仓和一个底面半径为7米，高为5米的圆锥形粮仓，哪个能存储更多粮食？

*第六节　遗留问题

这一章的知识点看似不难，但其实不少概念和结论都是含糊不清的。

关于长方形的面积，第三节的说明其实并没有完整地回答问题30，因为长方形的长和宽有可能不是分数。完整地回答这个问题需要涉及高等数学中的实数理论，已经超出了初等数学的范围。不过，仍然可以给出一个初步的说明。对于一般的长方形，它的长和宽是一般的正实数，未必是分数，但可以用一串分数无限逼近长，用另一串分数无限逼近宽，这时就会有一串长宽都是分数的长方形无限逼近这个长方形。在这个无限逼近的过程中，长方形的面积总是等于长乘宽，在无限逼近的结果中，自然也会有相同的结论。

利用长方形的面积等于长乘宽这个结论还可以给出加法乘法分配律 $(a + b)c = ac + bc$ 的一个几何解释：

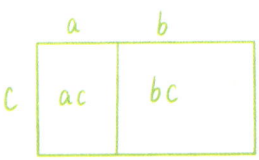

类似地，利用柱体的体积等于底面面积×高这个结论，可以给出乘法结合律 $(ab)c = a(bc)$ 的一个几何解释。下面的长方体，如果看成是高为 c 的柱体，那体积就是 $(ab)c$，如果看成是高 a 为的柱体，那体积就是 $a(bc)$。

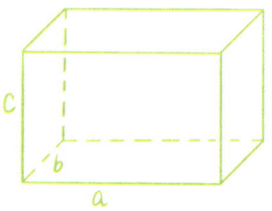

在第三节，提了几个关于三角形、平行四边形等多边形的面积问题。除此之外，还有各种不规则平面图形。

这里又会出现各种关于面积的新问题，比如

问题37：一个不规则平面图形有精确的面积吗，如何计算它的面积?

　　一开始将面积解释为"平面图形所占据区域的大小"，这其实是一种非常模糊的说法。当说到长方形面积等于长乘以宽的时候，已经用到了实数相乘的概念，实际上如果要严格地解释清楚面积概念，尤其是不规则图形的面积概念，所需要的不仅仅是严格的实数理论，还涉及许多和拓扑、集合、测度相关的概念，这里面的数学理论非常深刻，远远超出了初等数学的范围。所以，我们只能给出问题 37 的一个初步的解释。小学数学教材中有个用网格纸估算树叶面积的数学实验：将树叶放在网格纸上，这时可以算出树叶所覆盖的小正方形的面积总和作为树叶面积的一个近似值。

　　在这个数学实验中，如果选择格子越小的网格纸，估算出的树叶面积近似值就越精确，如果所选的格子不断缩小，那么网格纸所估算出的树叶面积近似值就越来越接近树叶的真正面积。

　　涉及体积的时候也会碰到类似的问题，比如

问题38：为什么柱体的体积都等于底面面积×高？

　　也会有和问题37类似的关于体积的问题：

问题39：如何计算不规则立体图形的体积？

这个问题的初步回答和问题37类似，只需用立体网格替换平面网格即可。

在讲到圆周长时，第一次碰到了弯曲的长度。线段的长度是用直尺衡量的，那么问题来了：

问题40：该如何衡量弯曲的长度？

将圆的周长定义为把圆周拉直成线段的长度，但是拉直只是一种形象的说法，并不严格。实际上，严格地衡量弯曲的长度需要用到微积分中的积分理论，这已经远远超出了本书的范围。关于圆的周长，还有一个问题。

问题41：为什么所有圆的直径和周长的比值都是相等的？

之前的解释是将一个圆放大至3倍，那么直径也变成原先的3倍，周长也变成原先的3倍。这个解释也不完整，为什么圆放大至3倍，周长也一定会变成原先的3倍呢？

求圆面积的时候，将圆平均切割成许多份，然后拼成一个近似长方形。这种求面积的方法是对的吗？一块饼干掰成两份都会掉一些饼干屑，但为什么圆切割成许多份，再拼接后，面积仍然不变呢？更一般的问题是：

问题42：为什么一个平面图形可以任意切割拼接，面积却会始终保持不变呢？

所有这些问题的回答，都远远超出了本书的范围。

第三章

3

方程与代数世界

　　小时候，很多孩子都玩过数字读心术游戏，你请你的朋友在心里想一个两位数，但不要告诉你和其他任何人。接下来请他用计算器将这个数乘以 5，再加上 9，结果继续保密，然后再乘以 4，加上 4，最后乘以 5，并把最后的结果报给你。

　　如果他最后报给你的数是 2500，你将这个数字去掉最后两个 0，减去 2，就可以"读出"他最初心里想的数是 23。你知道这种数字读心术的奥秘吗？这一章介绍的代数方法将为你揭开数字读心术的奥秘。

第一节　为什么要列方程？

　　在小学高年级的数学课上，老师往往会要求学生一定要列方程解应用题。例如下面这道应用题：

　　小红去食品店买了 2 瓶可乐和一包 4 元钱的面包，总共付了 20 元钱，请问食品店的可乐多少钱一瓶？

　　如果设每瓶可乐的价格是 x 元，那么 2 瓶可乐的价格就是 $(2 \times x)$ 元，简写作 $2x$。小红付的钱就是 $(2x + 4)$ 元，列出的方程就是

$$2x + 4 = 20$$

　　这种只涉及一个未知量的方程称为一元一次方程。大部分小学生第一次接触这个未知数 x 时，都表示很困惑，不是只有数才能做加减乘除运算吗？

问题43：为什么一个符号 x 也能参与运算呢？

更让学生困惑的是，明明可以直接用算术方法来做：

$$每瓶可乐的价格 = (20 - 4) \div 2 = 8(元)。$$

何必列方程多此一举呢？

问题44：为何要多此一举列方程求解应用题？

再来看看另一道应用题：

现在有大小两个杯子，大杯的容量是20升，里面装有4升水，两次用小杯舀满水，倒入大杯后，大杯里的水刚好满了。请问小杯的容量是多少升？

如果设小杯的容量是 x 升，用小杯倒完两次水后，大杯中水的体积就是 $(2x + 4)$ 升，因为这个时候水刚好满了，所以列出的方程还是

$$2x + 4 = 20。$$

这两道应用题看似完全不同，但是提炼出来的数学本质却是一样的。列方程实质上就是提炼应用题的数学本质，是一种抽象的过程。这种抽象让我们忘掉小红、饮料、面包、食品店，忘掉杯子、水、容量……而专注于方程本身。一旦碰到稍微复杂的应用题时，方程的方法立刻显示出强大的威力，因为它排除了一切非本质的干扰信息。例如，下面这道应用题：

有两根长度相等的铁丝，将甲剪去9厘米，乙剪去17厘米后，甲的长度是乙的3倍，问这两根铁丝原先的长度是多少厘米？

　　这种题目经常会出现在小学三四年级的数学试卷附加题中，而且让很多小学生头疼。用算术方法解这道题的突破口在于注意到剪完后，甲比乙长(17 − 9)厘米，然后再根据甲的长度是乙的3倍……

　　但是如果用方程方法就不需要寻找所谓的突破口，按部就班地列出方程求解就好了。如果设两根铁丝原先的长度是x厘米，那么列出的方程就是

$$x - 9 = 3(x - 17)$$

　　运用分配律，方程变成

$$x - 9 = 3x - 51$$

　　两边同时加上51后，等式依然成立，变为

$$x - 9 + 51 = 3x - 51 + 51$$

　　运用加法结合律，$x - 9 + 51 = \left[x + (-9)\right] + 51 = x + \left[(-9) + 51\right]$，所以方程化简为

$$x + 42 = 3x$$

　　两边同时减去x后，再次运用分配律，方程变为

$$42 = 3x - x = 2x$$

　　最终解出$x = 21$。

　　这里有两个要点需要着重说明：

　　第一，在整个解方程过程中，我们没有提及铁丝、长度等外在的非本质的信息。列方程提炼数学本质的优势在于可以排除一切非本质信息的干扰，专注求解方程。

第二，更重要的是，在运算定律的指导下，x这样一个未知数，一个字母符号，居然也可以和数一起参与到加减与乘法运算之中，比如上面方程中的$3x$就是$3 \times x$的简写。到了这里，最原始的代数思想已经萌芽了。最早的代数就是指用符号代替数字做加减乘除运算。

现在，运用代数方法，可以揭开这一章开头介绍的数字读心术的奥秘了。假设你的朋友心里想的数是x，乘以5，再加上9后这个数变成$5x + 9$，再乘以4，加上4后变成

$$4 \times (5x + 9) + 4 = (20x + 36) + 4 = 20x + 40$$

最后乘以5，又变成

$$5 \times (20x + 40) = 100x + 200 = 100(x + 2)$$

所以最后报出来的数，除以100，再减去2就是原先的数。

提问时间

3.1.1 解下列方程：

$$3x + 4 = 13; \quad x + 12 = 3(x - 10); \quad 4(y - 1) = 3(y + 3)。$$

3.1.2 在一次体育活动中，全班50人分成乒乓球组、篮球组和足球组，篮球组的人数比足球组人数的两倍还多两人，乒乓球组的人数也比篮球组人数的两倍还多两人，请问足球组的人数是多少？

第二节　鸡兔同笼问题与二元一次方程组

为了继续展示方程方法的威力，我们来介绍中国古代的鸡兔同笼问题：笼子里有若干只鸡和兔，从上面数，有35个头，从下面数有94只脚，问鸡和兔分别有多少只？

对于没有学过方程方法的小学生而言，这种题目最能直接想到的就是枚举法，15只兔子20只鸡行不行？10只兔子25只鸡行不行？多猜几个数字，答案就差不多出来了。

更高明一点的想法就是假设把每只兔子都砍掉两只脚，这时笼子里脚的个数是头的两倍，也就是70只脚。由此可以推断出总共砍了94−70=24只脚，因此兔子的数量就是24 ÷ 2 = 12。如果觉得砍脚太血腥可以假设每只鸡都长出两条腿或者每只兔子都又长出一个头。如果直接把这种假设的方法教给小学生，是不是就万事大吉了？

不是的！题型一变又不行了，比如下面这道题：

奶奶今年的年龄是小红的8倍，去年的年龄是小红的9倍，小红和奶奶今年的年龄分别是多少？

这个时候，处理鸡兔同笼问题的长腿或者长头的方法已经无法再用了。实际上这类涉及两个未知量的应用题题型非常繁多，相关的解题技巧也五花八门，比如和倍、和差、差倍、变倍……

一旦使用了方程方法抓住问题的数学本质，这些五花八门的玩意将统统消散。为此需要引进两个未知数 x 与 y，在第一道题中，x 与 y 分别表示鸡和兔的数量。根据头和脚的数量，可以列出两个方程

$$\begin{cases} x + y = 35 \\ 2x + 4y = 94 \end{cases}$$

因为涉及两个未知量，我们把这两个联立方程称为二元一次方程组。接下来，忘掉鸡兔、头脚，专注解方程组。

将第一个方程两边同时乘以 2，变为 $2x + 2y = 70$。用第二个方程的两边分别去减这个新方程的两边，得到 $2y = 24$。这种通过两个方程相加减消去一个未知量得到一元一次方程的方法称为消元法。

在第二道关于小红和奶奶年龄的应用题中，x 与 y 分别表示小红和奶奶的年龄。列成方程就是

$$\begin{cases} 8x = y \\ 9(x - 1) = y - 1 \end{cases}$$

化简后变成

$$\begin{cases} 8x - y = 0 \\ 9x - y = 8 \end{cases}$$

运用消元法就可以轻松解出 $x = 8$，$y = 64$。

消元法还可以将更复杂的三元一次方程组转化为二元一次方程组，例如关于 x，y，z 的方程组 $\begin{cases} 2x - y - z = 0 \\ x - 2y + z = 3 \\ 3x + y - 2z = 5 \end{cases}$

将第一个方程与第二个方程相加得到 $3x - 3y = 3$；将第二个方程两

边同时乘以 2，再与第三个方程相加得到 $5x - 3y = 11$。如此消去 z 就得到

$$\begin{cases} 3x - 3y = 3 \\ 5x - 3y = 11 \end{cases}$$

通过解二元一次方程组和三元一次方程组，我们发现多个未知数，多个字母符号，包括带下标的字母，比如 a，b，c，x，y，z，x_1，x_2，x_3，y_1，z_2，M，$L\cdots$ 都可以同时和数一起参与到加减与乘法运算之中。实际上，它们不但可以和数相乘，多个字母之间也可以彼此相加减，相乘，例如长和宽分别是 a 和 b 的长方形的面积就是 $a \times b$，简写为 ab。至此，代数的大门已经彻底打开了！

提问时间

3.2.1　六一儿童节，老师将 100 本笔记本全部分给全班 39 位同学，有些同学分到两本，其他同学分到 3 本，请问分到 3 本笔记本的同学人数是多少。

3.2.2　解方程组 $\begin{cases} 2x + 3y = 29 \\ 3x - 4y = 18 \end{cases}$

3.2.3　解方程组 $\begin{cases} x + y + z = 4 \\ x + 2y + 3z = 7 \\ 3x - y + z = 6 \end{cases}$

第三节 代数的语言——以运算 定律为基本"语法"

代数语言是非常便利的。介绍运算定律，比如加法结合律的时候，除了举大量例子 $(3 + 5) + 6 = 3 + (5 + 6)$，$(16 + 9) + 22 = 16 + (9 + 22)$…外，我们还可以直接用代数语言将加法结合律完整地表述为

$$(a + b) + c = a + (b + c)。$$

其他4个运算定律用代数的语言分别可以表述为

$$a + b = b + a;$$

$$ab = ba;$$

$$(ab)c = a(bc);$$

$$(a + b)c = ac + bc。$$

而0和1的算术特征可以写成

$$0 + a = a; \quad 1a = a。$$

这些运算定律等式的意义是指任意选3个数来替代 a，b，c 时，等式总是成立的，或者说，等式中的 a，b，c 可以表示任何数。

现在，要赋予这些运算定律以新的意义，它们不仅仅是数的运算的通行法则，还是字母和数同时参与运算时的通行法则，是代数语言的基本"语法"。例如，在代数中，根据分配律，$4x + 3x = 7x$，$2y - 5y = -3y$，$y + xy = 1y + xy = (1 + x)y$。根据加法交换律和加法结合律

$$2 + (a + b) = (2 + a) + b = 2 + (b + a) = \cdots$$

所以可以让若干个数和字母相加，不论相加的方式如何，最终的结果都相等。同样地，根据乘法交换律和乘法结合律，若干个数和字母还可以确切地相乘。我们将一个数和若干个字母的乘积称为单项式，参与相乘的字母个数称为单项式的次数。例如，$\frac{3}{4}ab$ 就是 $\frac{3}{4}$，a 和 b 三者相乘，次数为 2；$-4xy^2$ 就是 -4，x 和两个 y 相乘，次数为 3；$5m^3l^4$ 就是 5，3 个 m 和 4 个 l 相乘，次数为 7。这其中参与相乘的数称为单项式的系数，因此 $\frac{3}{4}ab$，$-4xy^2$，$5m^3l^4$ 的系数分别是 $\frac{3}{4}$，-4，和 5。注意单个数比如 2，$-\frac{3}{4}$，3.67……也是单项式。单项式的乘积还是单项式，比如 $\frac{3}{4}ab$ 与 $4a$ 的乘积就是 $3a^2b$，$\frac{3}{4}ml$ 与 $5m^3l^4$ 的乘积就是 $\frac{15}{4}m^4l^5$。

仅仅是系数可能有所不同的单项式，称为同类项，例如 $\frac{3}{4}ab$ 与 $-2ab$ 是同类项，$-4xy^2$ 与 $2y^2x$ 是同类项，$5m^3l^4$ 与 $2m^3l^4$ 也是同类项。根据分配律，若干个同类项相加时，可以合并成单项式，例如

$$\frac{3}{4}ab - 2ab + ab = -\frac{1}{4}ab$$

$$-4xy^2 + 2y^2x = -2xy^2$$

比单项式更广的代数概念是多项式，是指若干个单项式之和，例如

$$-xy+x^2 - y + 1,$$

$$\frac{3}{4}a^2b - 2ab + b - 2,$$

$$5m^4l+2m^3l - m + 1。$$

注意单项式也是多项式，是特殊的多项式。不能再合并同类项的多项式中，单项式的最高次数称为这个多项式的次数。例如上面3个多项式的次数分别是2，3，5。在第二节，为什么方程组

$$\begin{cases} x + y = 35 \\ 2x + 4y = 94 \end{cases}$$

和

$$\begin{cases} 2x - y - z = 0 \\ x - 2y + z = 3 \\ 3x + y - 2z = 5 \end{cases}$$

分别被称为二元一次和三元一次方程组？是因为每个方程等号左边都是一次多项式。

在代数语言中，能够自由参与加减和乘法运算的都是多项式。两个多项式相加无非就是将加号两边的多项式全部加起来，并合并同类项，例如

$$\left(-4xy^2 + x^2 - y + 1\right) + \left(6xy^2 - 3x^2 + 2y^2 - x + 2y\right)$$

$$= -4xy^2 + 6xy^2 + x^2 - 3x^2 + 2y^2 - x - y + 2y + 1$$

$$= 2xy^2 - 2x^2 + 2y^2 - x + y + 1。$$

对于每个多项式都可以给出一个相反多项式，就是将原来多项式

的每一项的系数变成相反数。例如 $-4xy^2 + x^2 - y + 1$ 的相反多项式就是 $4xy^2 - x^2 + y - 1$。多项式减法也是由加法派生的，减去多项式就是定义为加上相反多项式。

最后，多项式的乘法就是利用分配律将乘积展开成单项式的乘积然后再合并同类项，例如

$$\left(xy^2 + x^2y - 2y^2\right)\left(x + y\right)$$

$$= \left(x^2y^2 + x^3y - 2xy^2\right) + \left(xy^3 + x^2y^2 - 2y^3\right)$$

$$= xy^3 + 2x^2y^2 + x^3y - 2xy^2 - 2y^3$$

提问时间

3.3.1 通过合并同类项化简 $\left(5l^4m^3 - 2m^2l^4\right) - \left(ml^4m - 2m^3l^4\right)$。

3.3.2 请分别指出下面 3 个多项式的次数：

$l^4m - m^3l^2 + 2m^2l^4$;

$x^4y^3 - 2x^6y^2 + x^3y^3 - 2xy^2 + y^3$;

$a^4 - a^3b + 3a^3b^2 - a^3b^2c + 3a^2b^3c - a^2b^2c^3 + b^6 + c^5$。

3.3.3 计算 $\left(xy^2 + 2x^2y - x^2\right)\left(x - y\right)$。

第四节　常见代数公式

有些关于多项式的代数公式会经常被使用到，而且使用范围远远超出了代数和算术的界限。掌握这些公式，并熟练使用，是后期学习数学的基础。最先登场的是这个公式

$$(a + b)(c + d) = (a + b)c + (a + b)d = ac + bc + ad + bd。$$

下图给出了这个公式的一个几何解释。

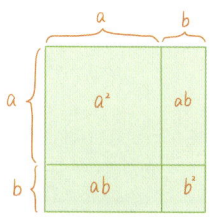

注意这个公式是根据运算定律推导得到的，所以用任何4个多项式分别替换公式中的 a，b，c，d，这个公式永远是成立的。如果分别用 a，b，a，b，替换公式中的 a，b，c，d，我们就会得到完全平方公式

$$(a + b)^2 = a^2 + 2ab + b^2。$$

下图给出了完全平方公式的一个几何解释：

同样经常使用的是完全平方公式的另一种形式

$$(a - b)^2 = a^2 - 2ab + b^2。$$

如果分别用 a，b，a，$-b$ 替换公式中的 a，b，c，d，我们就会得到平方差公式

$$(a + b)(a - b) = a^2 - b^2。$$

如果将完全平方公式的两边同时再乘以 $(a + b)$ 就会得到完全立方公式

$$(a + b)^3 = a^3 + 3a^2b + 3ab^2 + b^3。$$

如果在完全立方公式中用 $-b$ 替换 b，就会得到完全立方公式的另一种形式

$$(a - b)^3 = a^3 - 3a^2b + 3ab^2 - b^3。$$

如果将等式右边的 $-3a^2b + 3ab^2 = -3ab(a - b)$ 移到左边，并再次运用分配律，就会得到立方差公式

$$(a^2 + ab + b^2)(a - b) = a^3 - b^3。$$

提问时间

3.4.1 推导出关于 $(a + b)^4$ 和 $(a + b)^5$ 的公式。

3.4.2 证明立方和公式：$a^3 + b^3 = (a + b)(a^2 - ab + b^2)$。

3.4.3 请将 $x^2 - 4$ 和 $x^3 - 1$ 分解成两个次数更小的多项式的乘积。

3.4.4 $a > b > 0$ 时，请给出公式 $(a - b)^2 = a^2 - 2ab + b^2$ 和公式 $(a + b)(a - b) = a^2 - b^2$ 的几何解释。

3.4.5 请给出公式 $(a + b)^3 = a^3 + 3a^2b + 3ab^2 + b^3$ 的几何解释。（提示：用立方体）

第五节　基本不等式

　　上节的完全平方公式可以推出基本不等式。在讲基本不等式之前，先来介绍关于不等式的表达方法和几个基本原则。

　　给定两个实数 a 和 b，将 a 大于 b 记作 $a > b$，这等于是说 b 小于 a，记作 $b < a$。例如 $4 > 0 > -1$，$-10 < -1 < 2$，$1.43923 < 1.43924$。除了大于、小于这两种比较大小的关系外，在现实生活中人们还会经常使用另外两种比较大小的关系。父母经常对小孩说：如果你的期末数学成绩不低于 90 分，我就奖励你一个礼物。这里"不低于 90 分"表示你的数学成绩要等于 90 分，或者高于 90 分。超市打折商品出售时常常会限制单人购买的数量，比如要求每人限购 3 个。这里"限购 3 个"表示你一次性购买的打折商品的数量要小于 3 或者等于 3。在数学中，我们引入大于等于符号"$\geqslant$"和小于等于符号"$\leqslant$"。$a \geqslant b$ 表示 a 大于 b 或等于 b，$a \leqslant b$ 表示 a 小于 b 或等于 b。例如 $4 \leqslant 5$，$2 \leqslant 2$，$-1 \geqslant -3$，$-3 \geqslant -3$。运用到现实生活中，分数不低于 90 分就可以表达为：分数 $\geqslant 90$，限购 3 个也可以表达为：打折商品购买数量 $\leqslant 3$。我们将所有这些比较大小的表达式统称为不等式。

　　之前讲过，实数可以与数轴上的点建立完整的对应关系，使得右边的数总是大于左边的数。若实数 a 在实数 b 的右边，实数 b 在实数 c 的右边，实数 a 在实数 c 的右边，由此可以得到关于不等式的第一条基本性质：若 $a > b$，$b > c$，则 $a > c$。

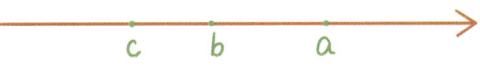

　　将所有实数都加上一个固定的实数相当于是让整条数轴平移。但是平移并不改变左右关系。由此可以得到关于不等式的第二条基本性质：两个实数同时加上同一个实数，不改变大小关系。

　　将所有实数都乘以一个固定的正实数相当于是整条数轴做伸缩变换。但是伸缩变换也不改变左右关系。由此可以得到关于不等式的第三条基本性质：两个实数同时乘以同一个正实数，不改变大小关系。

　　将所有实数都乘以 -1 相当于是整条数轴做旋转 $180°$ 变换，而这样的旋转变换是将左右调换。由此可以得到关于不等式的第四条基本性质：改变两个实数的符号会改变它们的大小关系。

　　我们将不等式的4条基本性质总结如下，其中 a, b, c 表示任何实数

　　（1）若 $a > b$, $b > c$，则 $a > c$；

　　（2）若 $a > b$，则 $a + c > b + c$；

　　（3）若 $a > b$ 且 $c > 0$，则 $ac > bc$；

　　（4）若 $a > b$，则 $-a < -b$。

　　注意如果用 $\geqslant$ 和 $\leqslant$ 分别替换 $>$ 和 $<$，上面4个性质仍然成立。接下来开始讲基本不等式。基本不等式来源于这样的一种现实问题：

问题45：如果用一根长度固定的绳子围出一块长方形的土地，请问怎样才能围出最大的面积？

假设绳子的长度是20米，先尝试几种不同的围法：

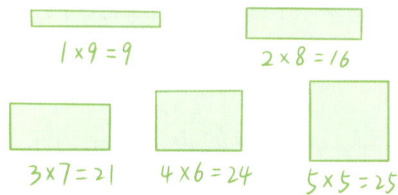

比较之后发现，围出正方形的土地面积最大。这时可能有人会问：

问题46：为什么用固定的绳子围方形土地，正方形的面积最大？

假设用这个绳子围出的一个长方形土地的长和宽分别是 a 和 b，用同样的绳子围出的正方形边长就是 $\dfrac{a+b}{2}$。"用固定的绳子围方形土地，正方形的面积最大"表述成不等式的语言就是

$$\left(\frac{a+b}{2}\right)^2 \geqslant ab,$$

并且等号成立当且仅当 $a=b$。这是基本不等式的第一种形式。它告诉我们，若两个数的和固定，当两个数相等时，它们的乘积最大。该如何说明这个不等式对于所有实数 a 和 b 都成立呢？将不等式两边同时乘以4后，只需说明 $(a+b)^2 \geqslant 4ab$ 成立（下图给出这个不等式的一个几何解释）。

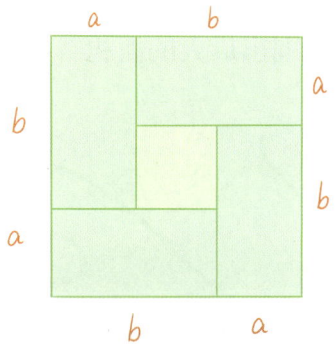

再将这个新的不等式两边同时减去 $4ab$ 后，只需说明 $(a + b)^2 - 4ab \geqslant 0$。根据完全平方公式，最后这个不等式左边是等于

$$(a + b)^2 - 4ab = a^2 + 2ab + b^2 - 4ab = a^2 - 2ab + b^2 = (a - b)^2。$$

$(a - b)^2$ 自然是 $\geqslant 0$，等号成立当且仅当 $a = b$。如果将不等式

$$a^2 - 2ab + b^2 = (a - b)^2 \geqslant 0$$

两边同时加上 $2ab$，就会得到基本不等式的另一种形式

$$a^2 + b^2 \geqslant 2ab。$$

提问时间

3.5.1　给定 4 个正实数 a，b，c，d，证明：若 $a > b$，$c > d$，则 $ac > bd$。

3.5.2　对于任何正实数 a，b，证明：$2(a^2 + b^2) \geqslant (a + b)^2$，这是基本不等式的第三种形式。

*3.5.3　证明：若 $a > 0$，$b > 0$，则 $a^3 + b^3 \geqslant a^2b + ab^2$。

3.5.4　对于任何正实数 a，b，证明：$8(a^4 + b^4) \geqslant (a + b)^4$。

*3.5.5　用一条长 3 米的绳子在墙边围一个方形区域，如何才能围成最大面积？

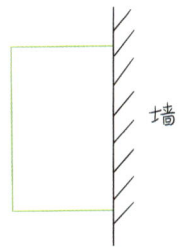

墙

第六节　关于 x 的多项式与分式
——一套抽象的算术系统

多个字母符号参与运算的代数语言难免让人觉得有些复杂，这一节先考虑只有一个字母符号，比如 x，参与运算的简单代数语言。这个时候，单项式的一般形式就是 ax^n（a 是实数，n 是自然数，约定 $x^0 = 1$），例如 $5 = 5x^0$，$-3x^2$，$\dfrac{2}{5}x^6$，而多项式的一般形式（除了 0 这个最特殊的多项式以外）就是

$$f(x) = a_n x^n + a_{n-1} x^{n-1} + \cdots + a_1 x + a_0$$

其中 a_0，a_1，$\cdots$，a_n 都是实数，且 $a_n \neq 0$，n 为多项式的次数。注意次数为 0 的多项式就是非零实数，它们和 0 统称为常值多项式。

多项式可以与整数形成良好的类比，每个整数都有相反数，每个多项式也都有相反多项式，多项式和整数一样，可以做加法和乘法运算，也满足第一章第十节中提到的整数算术系统的 4 条基本性质。

多项式与整数的类比还可以继续。正整数中有素数的概念，多项式中相对应的概念是不可约多项式；一个次数大于 0 的多项式，如果不能写成两个次数更小的多项式的乘积，则称为不可约多项式。根据这个定义所有一次多项式都是不可约多项式。$x^2 - 1$ 不是不可约多项式，因为 $x^2 - 1 = (x + 1)(x - 1)$，但 $x^2 + 1$ 是不可约多项式（为什么）。每个大于 1 的正整数都可以不断分解直到最后分解成素数的乘积，每个次数大于 0 的多项式也可以不断分解直到最后分解成不可约多项式的乘积，比如

$$x^4 - 1 = \left(x^2 + 1\right)\left(x^2 - 1\right) = \left(x^2 + 1\right)(x + 1)(x - 1)$$

多项式也有类似最大公因数最小公倍数的概念。整数上有带余除法，例如 9 除以 4 写成和式就是 $9 = 2 \times 4 + 1$。多项式也有带余除法，比如用 $x^2 - 3x$ 去除 3 次多项式 $2x^3 - 2x^2 + 4x + 1$ 的具体做法就是：先让 $2x^3 - 2x^2 + 4x + 1$ 减去 $2x\left(x^2 - 3x\right)$，变成 2 次多项式 $4x^2 + 4x + 1$，再减去 $4\left(x^2 - 3x\right)$，变成余项 $16x + 1$，写成和式就是

$$2x^3 - 2x^2 + 4x + 1 = (2x + 4)\left(x^2 - 3x\right) + 16x + 1。$$

再比如用 $x^2 - 1$ 去除 4 次多项式 $2x^4 + x^3 - 3x^2 + x + 1$，结果是

$$2x^4 + x^3 - 3x^2 + x + 1 = \left(2x^2 + x - 1\right)\left(x^2 - 1\right) + 2x,$$

余项是 $2x$。

为了消除余数可以引入分数，将整数扩充为有理数。现在为了消除余项，我们引入分式。分式是指形如 $\dfrac{f(x)}{g(x)}$ 的表达式，表示多项式 $f(x)$ 除以多项式 $g(x)$。例如 $\dfrac{x}{1 - x}$，$\dfrac{2x - 1}{x^2 + x + 1}$，$\dfrac{1}{x^2 + 1}$ 都是分式，都是关于 x 的表达式，当 $x = 2$ 时，这 3 个表达式分别等于 -2，$\dfrac{3}{7}$，$\dfrac{1}{5}$。多项式就是特殊的分式：$x^2 - 1 = \dfrac{x^2 - 1}{1}$，$2x^2 + x - 1 = \dfrac{2x^2 + x - 1}{1}\cdots$

和分数一样，分式也有分子、分母，可以约分、通分，也有类似倒数的概念，也可以类似地定义加法乘法运算，也可以派生减法除法运算。所有的分式也构成了一套算术系统，也满足有理数算术系统的 5 条基本性质：

（1）分式中有两个特殊的分式，0 与 1，有两个基本运算，加法与

乘法，两个分式相加或相乘还是分式；

（2）分式的加法与乘法满足五大运算定律；

（3）每个分式和0相加都不会变，每个分式和1相乘也都不会变；

（4）对于每个分式，都存在另外一个分式，使得两个分式相加等于0；

（5）对于每个非零分式，都存在另外一个分式，使得两个分式相乘等于1。

多项式，分式和整数，有理数之间的这种类比告诉我们，多项式、分式不仅仅是关于未知量 x 的表达式，它们本身也有算术本质，可以看成是广义的"数"。

提问时间

3.6.1　写出 $x^5 - 2x^4 - 3x^2 + 2x + 1$ 除以 $x^3 + 1$ 的带余除法。

3.6.2　计算 $\dfrac{x}{x-1} + \dfrac{1}{x+1}$。

3.6.3　约分分式 $\dfrac{2x+2}{x^2-1}$ 和 $\dfrac{x^3+1}{x^2-1}$。

*3.6.4　请证明 $x^2 + 1$ 是不可约多项式。

第七节　函数——数的加工机器

前面说过，所谓的代数语言就是让符号代替数，参与加减乘除运算。所以代替数的符号，比如 x，表示一种变量，它可以替换成不同的数，关于 x 的多项式 $f(x)$ 或分式 $\dfrac{f(x)}{g(x)}$ 都可以看成是与变量 x 相关联的另一个变量，随着 x 的变化而变化，一旦 x 确定了，$f(x)$ 的值也随之确定。

现实中，这类一个变量决定另一个变量的现象非常普遍。如果你固定以每分钟 80 米的速度行走，那么你行走的路程就是由行走的时间决定的，3 分钟走 $80 \times 3 = 240$（米），5 分钟走 $80 \times 5 = 400$（米），假设行走所花的时间为 t 分钟，那么行程 L 就是 $80t$（米）。现在水池中有500 升水，底部的小孔让水池每分钟流走 6 升水，那么 t 分钟之后，水池中只剩下 $V = 500 - 6t$ 升水。正方形的周长 C 和面积 S 也是完全由边长 a 确定的，边长为 x 厘米的正方形，周长是 $C = 4x$（厘米），面积是 $S = x^2$（平方厘米）。学过中学物理的读者可能会记得，自由落体运动的物体，在 t 秒时刻下落的距离 s 为 $4.9t^2$。

由这些现象就可以抽象出函数的概念。函数是指两个变量 x 与 y 的对应关系，其中变量 x 称为自变量，可以表示不同的数，另一个变量 y 称为 x 的函数，由 x 决定。上面 5 个例子中抽象得来的函数分别是

$$L = 80t$$

$$V = 500 - 6t$$

$$C = 4x$$

$$S = x^2$$

$$s = 4.9t^2$$

这些函数的自变量是 t 或 x。

可以把每个函数看成是一台转化数的机器，这个机器有个输入口，输入一个数 x，它会按照一定的转化规则把 x 自动转化成另一个数 $y = f(x)$ 输出，这里 $f(x)$ 表示转化规则。

$$x \longrightarrow \boxed{y = f(x)} \longrightarrow y$$

例如，任何一个多项式 $f(x)$ 或分式 $\dfrac{f(x)}{g(x)}$ 都可以看成一台转化机器。

$$3 \longrightarrow \boxed{y = x^2 + 1} \longrightarrow 10$$

$$4 \longrightarrow \boxed{y = \dfrac{2x}{x+1}} \longrightarrow \dfrac{8}{5}$$

这样的函数分别称为多项式函数和分式函数。

第一章中多次提到的数轴向右平移 2 的平移变换就可以看成是一个多项式函数，这个函数把每个实数 x 都转换为 $y = x + 2$

$$3 \longrightarrow \boxed{y = x + 2} \longrightarrow 5$$

类似的，将数轴保持原点不变均匀地放大成原来的两倍的伸展变换，将整条数轴绕原点翻转 180° 的翻转变换，也都可以看成是一个多项式函数，对应的多项式或者函数分别是 $y = 2x$ 和 $y = -x$

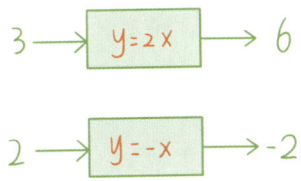

常值多项式对应的函数称为常值函数，比如 $y = 2$。这种函数机器非常呆板，不管你输入什么数，它永远输出 2。

$$x \longrightarrow \boxed{y = 2} \longrightarrow 2$$

最后，需要留意的是，往某些函数机器中输入数时，可能会发生"死机"现象，比如下面这个分式函数，

$$-1 \longrightarrow \boxed{y = \frac{2x}{x+1}} \longrightarrow ?$$

如果输入的数是 $x = -1$，那么表达式分母变成 0 了，所以这时机器就"死机"了，无法再输出数了。但是多项式函数永远不会死机，不论输入什么数，多项式的表达式都可以正常输出一个数。

第八节　算术平方根，平方根函数，$\sqrt{2}$ 算术系统

除了这两类函数外，我们再介绍一种新的函数。前面提到，正方形的面积 S 是完全由边长 a 确定的。反过来，面积也可以确定边长，面

积为9平方厘米的正方形边长是3厘米，面积为0.01平方厘米的正方形边长是0.1厘米。

更一般地，对于任何非负实数x，总存在一个非负实数y，使得$y^2 = x$，我们将这个非负实数y记作$\sqrt{x}$，称为x的算术平方根，$-\sqrt{x}$的平方也等于x，我们将$\sqrt{x}$和$-\sqrt{x}$统称为x的平方根。比如2，-2都是4的平方根，而其中2是算术平方根。算术平方根的一个基本性质是两个非负实数的算术平方根的乘积会等于乘积的算术平方根

$$\sqrt{a}\,\sqrt{b} = \sqrt{ab}。$$

由算术平方根可以引入一个新函数，平方根函数$y = \sqrt{x}$。面积为S的正方形边长就是$a = \sqrt{S}$。

$$4 \longrightarrow \boxed{y = \sqrt{x}} \longrightarrow 2$$

注意，如果在平方根函数中输入负数，函数机器就会"死机"，因为根据负负得正法则，$\sqrt{x}$对负数x没有意义了。在这里，不少读者可能会问：

问题47：为什么每个非负实数都会有一个算术平方根？

例如，真的会有一个正实数$\sqrt{2}$，它的平方等于2吗？因为$1^2 < 2 < 2^2$，所以$\sqrt{2}$这个数如果存在，一定会介于1与2之间。简单计算会发现$1.4^2 < 2 < 1.5^2$，所以$\sqrt{2}$会介于1.4与1.5之间，进一步的计算又表明$\sqrt{2}$会介于1.41与1.42之间……不停地计算会得到一个确定的小数$\sqrt{2} = 1.41421\cdots$，类似的计算也会得到$\sqrt{5} = 2.23606\cdots$，$\sqrt{\dfrac{7}{3}} = 1.52752\cdots$。

这就给出了问题的一个初步说明，更完整的回答和问题26一样需要用到严格的实数理论，已经超出了初等数学的范畴。不过在下一章会给出这个问题的一个几何解释。

问题还没彻底解决，新的问题又来了，$\sqrt{2} = 1.41421\cdots$是有限小数还是无限小数？如果是无限小数，那是循环还是不循环？我们知道有限小数和无限循环小数都是有理数，而无限不循环小数不是有理数，所以，这个问题也可以这样问：

问题48：$\sqrt{2}$ 是不是有理数？

接下来要用反证法严格地证明$\sqrt{2}$不是有理数。假设$\sqrt{2}$是有理数

$$\sqrt{2} = \frac{m}{n},$$

其中m与n是正整数。不断约分后，还可以进一步假设$\frac{m}{n}$是既约分数。将等式两边平方，再同时乘上n^2，得到

$$2n^2 = m^2。$$

所以m是偶数，可以设$m = 2k$，代入上面等式后，得到$n^2 = 2k^2$。所以n也是偶数。但是m和n都是偶数与$\frac{m}{n}$是既约分数是相矛盾的。所以原先的假设不成立，$\sqrt{2}$不是有理数。

现在已经知道$\sqrt{2} = 1.41421\cdots$不是有理数，但是新的问题又来了，$\sqrt{5}$呢，$\sqrt{21}$呢？更一般地，会有这样一个问题：

问题49：对于哪些正整数n，$\sqrt{n}$不是有理数？

我们将这个问题留给读者探索，再回到 $\sqrt{2}$。虽然前面证明了 $\sqrt{2}$ 不是有理数，但是如果我们让 $\sqrt{2}$ 参与到有理数的加减乘除运算中，会产生哪些新的数呢？首先会想到的是形如 $a + b\sqrt{2}$ 的实数，其中 a，b 都是有理数，例如 $1 - \sqrt{2}$，$3 + \dfrac{2\sqrt{2}}{5}$，$-3\sqrt{2}$，…因为 $\sqrt{2}$ 不是有理数。所以 $a + b\sqrt{2}$ 不等于 0，除非 a，b 都等于 0。

这种类型的数，任意取两个相加减，或者相乘，得到的还是这种类型的数，例如 $\left(a + b\sqrt{2}\right)\left(c + d\sqrt{2}\right) = ac + 2bd + (ad + bc)\sqrt{2}$。更惊奇的是，每个这种类型的非零实数的倒数也是这种类型的。根据平方差公式，$\left(a + b\sqrt{2}\right)\left(a - b\sqrt{2}\right) = a^2 - 2b^2$，因此 $\left(a + b\sqrt{2}\right)\left(\dfrac{a - b\sqrt{2}}{a^2 - 2b^2}\right) = 1$。

所以又得到了一套算术系统，由所有形如 $a + b\sqrt{2}$ 的实数，及其加减乘除运算构成，其中 a，b 都是有理数。这套算术系统也满足有理数算术系统的 5 条基本性质，它是一套比有理数算术系统更大，但是比实数算术系统小的算术系统，称其为 $\sqrt{2}$ 算术系统。注意在 $\sqrt{2}$ 算术系统中，所有形如 $m + n\sqrt{2}$ 的数（m，n 都是整数）和所有整数一样，满足整数算术系统的 4 条基本性质。

问题 50：除了 $\sqrt{2}$ 算术系统外，还有哪些介于有理数与实数算术系统之间的算术系统？

提问时间

3.8.1　比较 $\sqrt{6}$ 和 $\sqrt{5}$ 的大小，再比较 $2\sqrt{6}$ 和 5 的大小。

3.8.2　化简 $\dfrac{1 - 2\sqrt{2}}{3 - 2\sqrt{2}}$ 和 $\dfrac{2 + \sqrt{5}}{3 - \sqrt{5}}$。

3.8.3　证明：若 $a > b \geqslant 0$，则 $\sqrt{a} > \sqrt{b}$。

第九节　函数的基本构造方法

在已有函数的基础上还可以用各种办法构造新的函数。首先是函数的加减乘除运算，函数 $y = \sqrt{x}$ 和函数 $y = x^2 + 1$ 相加就变成新的函数 $y = x^2 + \sqrt{x} + 1$，相除又变成函数 $y = \dfrac{\sqrt{x}}{x^2 + 1}$。

第二种构造方式是函数的复合。两个函数机器 $y = f(x)$，$z = g(y)$ 串联后，会形成一个新的函数机器，称为复合函数，记作 $z = g(f(x))$。

$$x \rightarrow \boxed{y = f(x)} \rightarrow y \rightarrow \boxed{z = g(y)} \rightarrow z$$

例如 $y = x^2 + 1$ 和 $z = \sqrt{y}$ 的复合函数是 $z = \sqrt{x^2 + 1}$。

$$3 \rightarrow \boxed{y = x^2 + 1} \rightarrow 10 \rightarrow \boxed{z = \sqrt{y}} \rightarrow \sqrt{10}$$

绝对值函数 $|x|$ 就可以看成是 $y = x^2$ 和 $z = \sqrt{y}$ 的复合函数。

$$-2 \rightarrow \boxed{y = x^2} \rightarrow 4 \rightarrow \boxed{z = \sqrt{y}} \rightarrow 2$$

综合利用复合构造和加减乘除运算，又可以产生许多新的函数，

比如 $y = 2x + \sqrt{x^2 + 1}$，$y = \dfrac{x}{\sqrt{1 - x^2}}$，$\cdots$

最后介绍分段函数，给定两个函数，比如 $y = \sqrt{x^2 + 1}$ 和 $y = x + 5$，我们将相应的函数机器并联在一起，形成一个大的函数机器，当数字刚输入时，会有个分岔口，数字 > 5 的话就往黄线方向输入，≤ 5 的话就往蓝线方向输入。

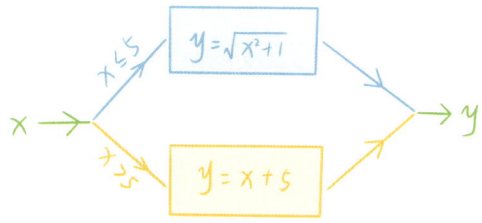

例如将 6 输入时，就会往黄线方向输入，最终输出 $6 + 5 = 11$。将 2 输入时，就会往蓝线方向输入，最终输出 $\sqrt{2^2 + 1} = \sqrt{5}$。将这个函数写成具体的表达式就是

$$y = \begin{cases} \sqrt{x^2 + 1}, & x \leqslant 5 \\ x + 5, & x > 5 \end{cases}$$

这样的函数称为分段函数。最后还可以将 3 个或者更多个函数机器并联成一个更大的分段函数机器，例如

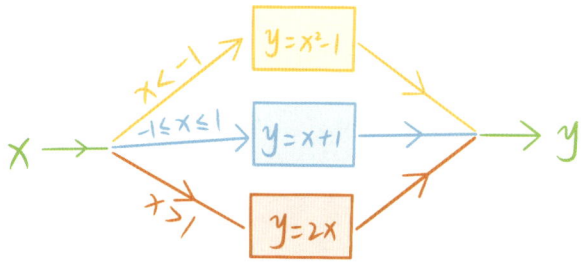

提问时间

3.9.1 请写下上图这个并联函数机器的具体表达式。

3.9.2 请将绝对值函数$|x|$写成分段函数的形式。

3.9.3 请判断哪些数输入到函数机器$y = \dfrac{x}{\sqrt{1-x^2}}$后，会发生"死机"?

第四章

平面几何——公理化

　　在这一章中，我们要做的事情，和两千多年前一位叫欧几里得的古希腊几何学家所做的事情是一样的。这位两千多年前的古人，他究竟做了什么事情，有多大意义？居然值得两千年后的我们继续效仿。其实在欧几里得之前，巴比伦人、古埃及人、古希腊人已经积累了大量的几何知识，但这些知识散落在各个角落，不成体系。欧几里得将前人关于几何的大量知识系统地整理在他的巨著《几何原本》中。在这本书中，作者从少数几个显而易见的公理出发，利用严密的逻辑推理，推导出整个几何知识体系！

第一节　公理——显而易见的知识

　　在这一节，要介绍几个显而易见的关于平面几何的知识，普通人接受这些结论都没有任何障碍。我们将这样的结论称为公理。

　　公理1　过两点有且只有一条直线。

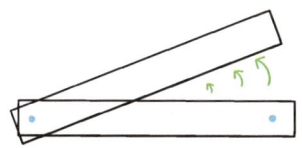

　　这条公理是非常直观的，当你把一根木条钉在桌面上时，它还可以绕着铁钉旋转，再钉上一枚铁钉时，它就不能动了。由这个公理可推出：

定理 1.1　两条直线，要么平行，要么只有一个交点。

证明：（反证法）若两条直线有两个交点 A，B，那么过这两点就会有两条直线，这与公理 1 矛盾（证毕）。

公理 2　两点之间线段最短。

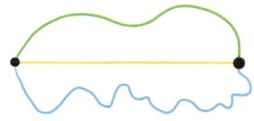

没有什么数学知识比这个更直观，更显然的了。就算是动物也知道，朝目标直走，可以最快到达目的地。

公理 3　过直线外一点，有且只有一条直线与已知直线平行。

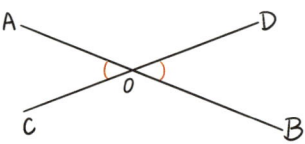

公理 3 也是显而易见的结论。

直线 AB 与直线 CD 相交于一点 O 时，称 $\angle AOC$ 与 $\angle BOD$ 为对顶角。

定理 1.2　对顶角相等。

证明：因为 $\angle AOC + \angle AOD = 180°$，$\angle BOD + \angle AOD = 180°$，所以 $\angle AOC = \angle BOD$（证毕）。

当一条直线 EF 同时与直线 AB，直线 CD 相交时，我们称下图中同颜色的角为同位角，称 $\angle AEF$ 与 $\angle DFE$ 为内错角，也称 $\angle BEF$ 与 $\angle CFE$

为内错角，称∠AEF与∠CFE为同旁内角，也称∠BEF与∠DFE为同旁内角。因为对顶角总是相等，且相等的角的补角也相等，所以如果4组同位角中有一组相等，则其他3组同位角也相等，两组内错角也相等，两组同旁内角互补。

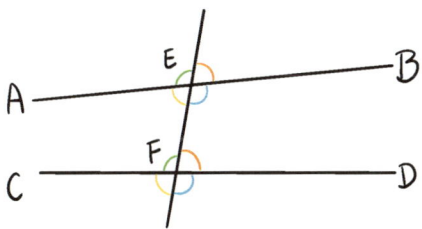

直观经验告诉我们，如果直线AB与直线CD平行，点E处的4个角通过平移可以与点F处的4个角重合，这就引出了我们的最后一个公理：

公理4　两直线平行，同位角相等。

根据公理4可以得出：

定理1.3　两直线平行，内错角相等，同旁内角互补。

第二节　三角形

将顶点为A，B，C的三角形记作 △ABC，它的3个内角分别是∠BAC，∠ABC和∠ACB，所对应的边分别是线段BC，AC和AB。

定理2.1　三角形内角和等于180°。

证明：如下图所示，延长AB至点D，根据公理3，可以过点B作直线BE平行于直线AC。根据公理4，$\angle CAB = \angle EBD$，根据定理1.3，$\angle C = \angle CBE$，所以$\angle CAB + \angle ABC + \angle C = \angle EBD + \angle ABC + \angle CBE = 180°$（证毕）。

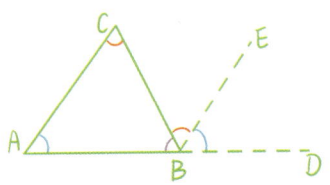

当还没画出两条辅助的线BD和BE时，并不能直接看出为什么三角形内角和总会等于180°，而一旦画出这两条辅助的线，问题就变得非常明朗了，这种添加辅助线的方法在这一章中将不断用到。在上图中$\angle CBD$为$\triangle ABC$的（与内角$\angle ABC$相邻的）外角。上面的证明过程也得到下面这个定理：

定理2.2　三角形的外角等于与它不相邻的两个内角的和。因此三角形的外角总是大于与它不相邻的内角。

定理2.3　同位角相等，两直线平行。

证明：（反证法）如图所示，假设这两条直线相交于点A，且同位角$\angle ABD = \angle ACD$，根据定理2.2，$\angle ACD > \angle ABD$，所以假设不成立，这两条直线平行（证毕）。

同位角相等，内错角相等和同旁内角互补，三者可以互推，完全等价。所以上面这个定理还有下面这两种形式：

定理2.3.1：内错角相等，则两直线平行。

定理2.3.2：同旁内角互补，则两直线平行。

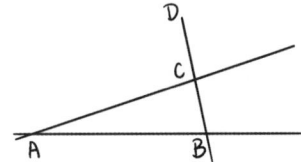

定理2.4　平行于同一条直线的两直线互相平行。

证明：假设直线 l 平行于直线 m 与直线 n，如下图所示，存在一条直线与 l，m，n 同时相交。根据公理4，$\angle 1 = \angle 2$ 且 $\angle 1 = \angle 3$，所以 $\angle 2 = \angle 3$。再根据定理2.3，直线 m 与直线 n 平行（证毕）。

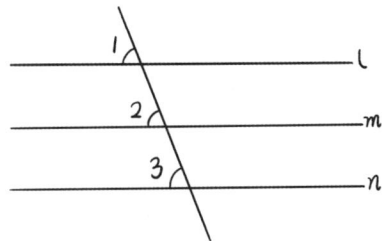

两个三角形 $\triangle ABC$ 和 $\triangle DEF$ 是全等的，记作 $\triangle ABC \cong \triangle DEF$，若其中一个三角形可以通过移动（不改变形状大小）和另一个三角形重合，其中点 A，B，C 分别与点 D，E，F 重合。注意虽然两个三角形都是在同一个平面，但这里的移动过程并不限于在平面内。例如下图 $\triangle ABC$ 和 $\triangle ABD$ 的全等是通过翻转重合实现的。

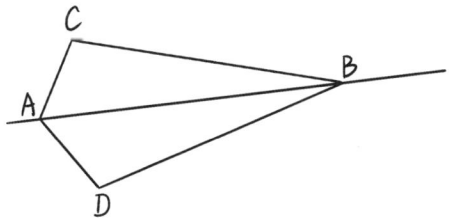

定理2.5　（边角边定理）在 $\triangle ABC$ 和 $\triangle DEF$ 中，若 $AB = DE$，$AC = DF$ 且 $\angle A = \angle D$，则 $\triangle ABC \cong \triangle DEF$。

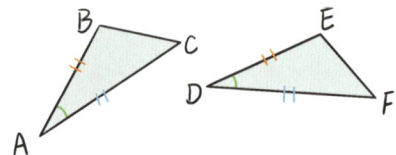

证明：因为 $AB = DE$，$AC = DF$ 且 $\angle A = \angle D$，所以可以移动 $\triangle ABC$，使得 $\angle A$ 与 $\angle D$ 重合，线段 AB 与 DE 重合，线段 AC 与 DF 重合，因此，点 B 与点 E 重合，点 C 与点 F 也重合，所以，线段 BC 与 EF 也重合，这时这两个三角形自然也重合（证毕）。

定理 2.6 （角边角定理）在 $\triangle ABC$ 和 $\triangle DEF$ 中，若 $AB = DE$，$\angle A = \angle D$ 且 $\angle B = \angle E$，则 $\triangle ABC \cong \triangle DEF$。

证明：因为 $AB = DE$，$\angle A = \angle D$ 且 $\angle B = \angle E$，所以可以移动 $\triangle ABC$，使得线段 AB 与 DE 重合，$\angle A$ 与 $\angle D$ 重合，$\angle B$ 与 $\angle E$ 也重合。因此直线 AC、直线 BC 分别和直线 DF、直线 EF 重合，这时交点 C 和交点 F 也重合，两个三角形自然也重合（证毕）。

定理 2.7 在 $\triangle ABC$ 中，若 $AB = AC$，则 $\angle B = \angle C$。

这样的三角形为等腰三角形，更特殊地是三个边都相等的三角形，称为等边三角形。

证明：因为 $AB = AC$，$\angle A = \angle A$，根据边角边定理，$\triangle ABC \cong \triangle ACB$，所以 $\angle B = \angle C$（证毕）。

注意这里 $\triangle ABC$ 与它自身的全等是通过翻转三角形，让 $\angle A$ 和 $\angle A$ 重合，AB 和 AC 重合。利用这个定理，我们将推导出三角形全等的第三种判别方法。

定理 2.8 （边边边定理）在 $\triangle ABC$ 和 $\triangle DEF$ 中，若 $AB = DE$，$AC = DF$ 且 $BC = EF$，则 $\triangle ABC \cong \triangle DEF$。

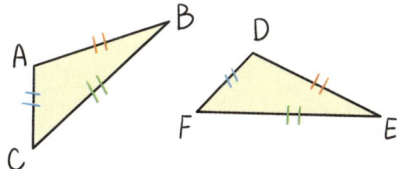

证明：因为 $BC = EF$，我们可以移动 $\triangle DEF$，使得点 B 和点 E 重合，点 C 和点 F 重合，并且使得 $\triangle ABC$ 和 $\triangle DEF$ 分别位于直线 BC 的两边。连结 AD，则线段 AD 一定会与直线 BC 相交于一点 P。根据定理2.7，$\angle CAP = \angle FDP$，$\angle BAP = \angle EDP$。接下来分成3种情况讨论：

第一，点 P 在线段 BC 上。则 $\angle CAB = \angle CAP + \angle BAP = \angle FDP + \angle EDP = \angle FDE$，根据边角边定理，$\triangle ABC \cong \triangle DEF$。

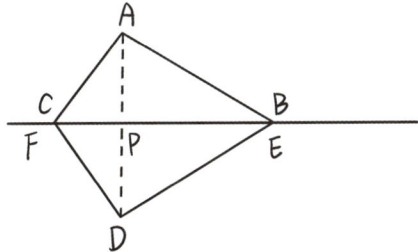

第二，点 P 在线段 BC 的靠近点 B 延长线上。则 $\angle CAB = \angle CAP - \angle BAP = \angle FDP - \angle EDP = \angle FDE$，根据边角边定理，$\triangle ABC \cong \triangle DEF$。

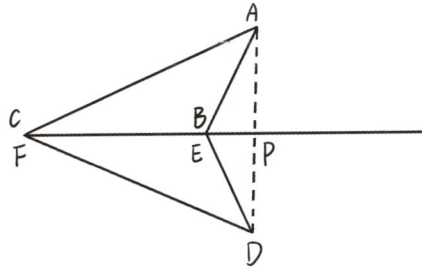

第三，点 P 在线段 BC 的靠近点 C 延长线上。同理可得 $\triangle ABC \cong \triangle DEF$（证毕）。

定理2.9 （大边对大角）在 $\triangle ABC$ 中，若 $AB > AC$，则 $\angle C > \angle B$。

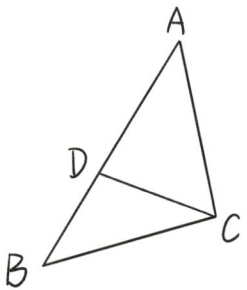

证明：因为 $AB > AC$，可以在线段 AB 上取一点 D 使得 $AD = AC$。根据定理 2.7，$\angle ACD = \angle ADC$，而根据定理 2.2，$\angle ADC > \angle B$，所以 $\angle ACB > \angle ACD = \angle ADC > \angle B$（证毕）。

这个定理是指三角形中越大的边所对的角也越大，简称大边对大角。

提问时间

请证明下面3个定理：

定理2.10 在 $\triangle ABC$ 中，若 $\angle B = \angle C$，则 $AB = AC$。（提示：利用定理2.9）

定理2.11 （大角对大边）在 $\triangle ABC$ 中，若 $\angle C > \angle B$，则 $AB > AC$。（提示：有两种证明方式，一种利用定理2.9，另一种利用公理2）

定理2.12 等边三角形的内角都是60°。

 **第三节 垂线**

若两条直线 AB 与 CD 相交于点 O，且在点 O 处的 4 个角中有一个是直角，则其余 3 个角也是直角，则称直线 AB 与 CD 垂直，CD 是 AB 的垂线，记作 $AB \perp CD$，称点 O 是垂线 CD 的垂足。

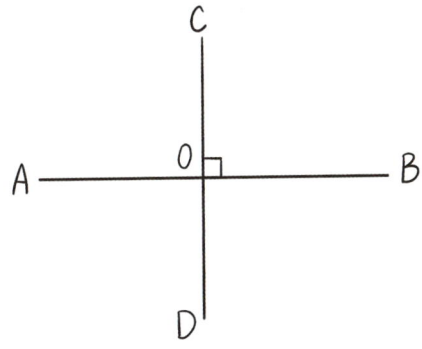

定理 3.1 同一条直线的两条垂线互相平行。

证明：因为同位角都是直角，根据定理 2.3，两垂线平行（证毕）。

定理 3.2 过直线 AB 外一点 C，仅有一条直线与 AB 垂直。

证明：（反证法）若过点 C 有两条直线与 AB 垂直，根据定理 3.1，这两条垂线是平行的，这与它们都过点 C 相矛盾（证毕）。

有一个内角为直角的三角形称为直角三角形，直角所对的边称为直角三角形的斜边。

定理 3.3 直角三角形的斜边大于直角边。

证明：根据定理2.1，直角三角形的另外两个内角之和等于直角，所以都是锐角。根据定理2.11，斜边大于直角边（证毕）。

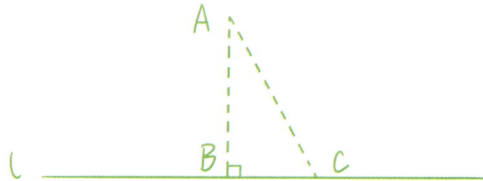

定理3.4（垂线段定理）：直线外一点与直线上各点连接的所有线段中，垂线段最短，其他线段都比垂线段长。

证明：过直线 l 外一点 A 做垂线与直线 l 相交于点 B，而 C 是直线 l 上另一个点，则连结 AC 后形成一个直角三角形。根据定理3.3 $AC > AB$。所以垂线段 AB 是点 A 到直线 l 的最短距离，称为点 A 到直线 l 的距离。（证毕）。

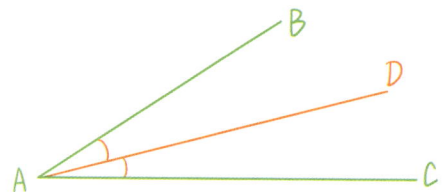

上图中，在 $\angle BAC$ 的内部可以确定一条射线 AD，使得 $\angle BAD = \angle DAC$，称这条射线为 $\angle BAC$ 的角平分线。

定理3.5　$\angle BAC$ 角平分线上的点到两边的距离相等。

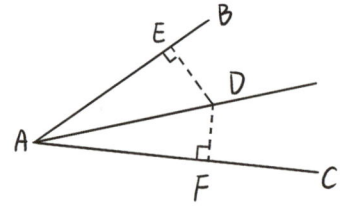

证明：D 为 $\angle BAC$ 的角平分线上的任意一个点，过点 D 分别做 AB 与 AC 垂线，垂足分别 E，F。根据假设 $\angle EAD = \angle FAD$，又根据定理2.1，$\angle ADE = \angle ADF$。根据角边角定理，$\triangle ADE \cong \triangle ADF$，所以 $DE = DF$（证毕）。

过线段 AB 中点的垂线称为线段 AB 的垂直平分线。

定理3.6　当且仅当点 C 落在线段 AB 的垂直平分线上，点 C 到点 A 和点 B 的距离相等。

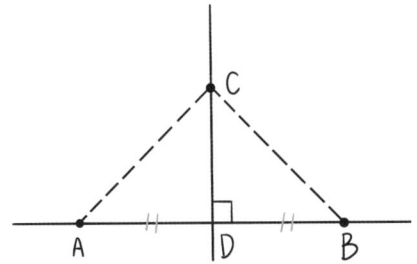

证明：（$\Leftarrow$）已知 C 落在线段 AB 的垂直平分线上。记 AB 的中点为 D。可以假设 C 与 D 不重合。这时根据边角边定理，$\triangle ACD \cong \triangle BCD$，所以 $AC = BC$。

（$\Rightarrow$）已知 $AC = BC$。记 AB 的中点为 D。若点 C 落在直线 AB 上，则 C 与 D 重合。所以可以假设点 C 不在直线 AB 上。这时根据边边边定理，$\triangle ACD \cong \triangle BCD$，因此 $\angle ADC = \angle BDC$，所以 CD 垂直 AB（证毕）。

与垂直平分线相关联的，是关于直线对称的概念。一个平面图形如果绕一条直线旋转180°后，会与另一个平面图形重合，我们就称这两个图形是关于这条直线对称的。如果把直线看成一面镜子，那么关于直线对称的两个图形是互为镜像的。

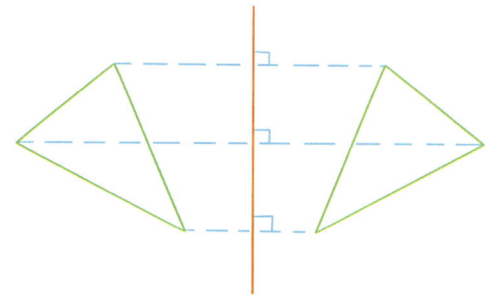

若直线 l 是线段 AB 的垂直平分线，则点 A 与点 B 正是关于直线 l 对称。

提问时间

证明下面3个定理：

定理3.7　若一条直线垂直于两条平行线中的一条，则它也垂直于另一条直线。（提示，在证明垂直之前要先证明它们相交）

定理3.8　三角形3条边的垂直平分线相交于一点。

定理3.9　在 $\triangle ABC$ 中，若 $AB = AC$，D 是 BC 的中点，则 AD 既是 $\triangle ABC$ 的高，又是 $\angle BAC$ 的角平分线。

第四节　平行四边形

四边形 $ABCD$ 是指将4个顶点 A，B，C，D（其中任何3点都不在同一条直线上）依次连结形成的图形。

要求四边形的4个边不能相交于顶点以外的点，而且四边形是凸的，所以四边形的对角线都在四边形内部。类似地可以定义五边形，六边形……对于任何大于2的整数n，都可以定义n边形。

定理4.1　四边形的内角和等于360°。

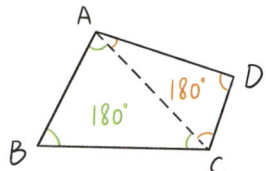

证明：连结四边形对角线AC。根据定理2.1，$\angle CAB + \angle B + \angle ACB = 180°$，$\angle CAD + \angle D + \angle ACD = 180°$，所以$\angle BAD + \angle B + \angle BCD + \angle D = 360°$（证毕）。

我们知道，两组对边分别平行的四边形称为平行四边形。

定理4.2　平行四边形的对边相等，对角相等。

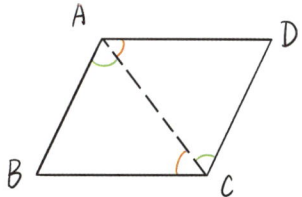

证明：连结平行四边形$ABCD$的对角线AC。根据定理1.3，$\angle ACD = \angle CAB$，$\angle DAC = \angle BCA$，根据角边角定理，$\triangle ACD \cong CAB$，所以$AD =$

BC，$\angle B = \angle D$。同理，$AB = CD$，$\angle DAB = \angle BCD$（证毕）。

定理4.3 平行四边形的两条对角线互相平分。

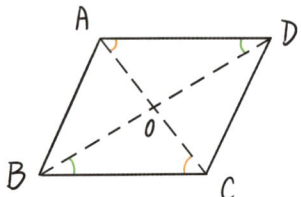

证明：连结平行四边形$ABCD$的对角线AC与BD，令它们的交点为O。根据定理1.3，$\angle OAD = \angle OCB$，$\angle ODA = \angle OBC$。根据定理4.2，$AD = BC$。最后根据角边角定理，$\triangle AOD \cong \triangle COB$，所以$AO = OC$，$BO = OD$（证毕）。

定理4.4 若直线AB与直线l平行，则A到l的距离和B到l的距离相等。

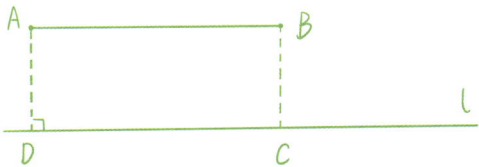

证明：过点A作l的垂线交l于点D，过点B作l的垂线交l于点C。根据定理3.1，AD平行于BC，因此四边形$ABCD$是平行四边形。根据定理4.2，$AD = BC$（证毕）。

提问时间

证明下面4个定理：

定理4.5 一组对边平行且相等的四边形是平行四边形。

定理4.6 两组对边都相等的四边形是平行四边形。

定理4.7 两条对角线互相平分的四边形是平行四边形。

定理4.8 n 边形的内角和等于 $(n-2) \cdot 180°$。

第五节 圆

一个圆完全由它的圆心 O，和半径 r 确定，是由到 O 的距离为 r 的所有点构成的。一个圆将平面上其他的点分成两个部分：圆的内部和外部，到圆心 O 的距离小于 r 的所有点构成圆的内部，到圆心 O 的距离大于 r 的所有点构成圆的外部。

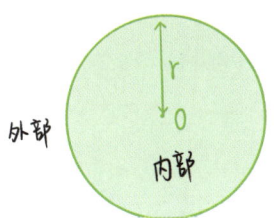

连结圆周上两点的线段称为圆的弦。根据定理3.5，圆心 O 总是落在圆的任何一条弦的垂直平分线上。

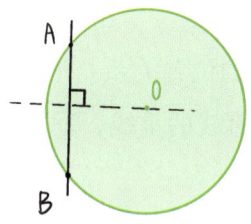

定理5.1 圆与直线最多只有两个交点。

证明：（反证法）假设直线上有三个点A，B，C都落在圆上，则线段AB与线段BC的垂直平分线都过圆心。但是根据定理3.1，这两条垂线是平行的，这就导致矛盾（证毕）。

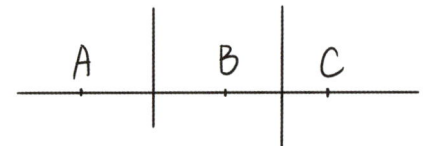

定理5.2 过不在同一条直线上的三个点，有且仅有一个圆。

证明：给定不在同一条直线上的三个点A，B，C。分别作AB与BC的垂直平分线m与n。若m与n平行，根据定理3.7，AB与n也垂直。因此过点B就有两条直线垂直n，这与定理3.2矛盾，所以m与n一定会相交于一点O。根据定理3.6，$OA = OB = OC$，所以以O为圆心，以OA为半径的圆过A，B，C三点。

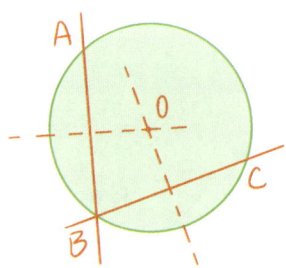

另外，若有个圆过A，B，C三点，则圆心一定落在垂直平分线m与n上，因此一定与O重合，这个圆的半径也等于OA（证毕）。

接下来讨论圆与直线的位置关系。根据定理5.1，圆与直线最多只有两个交点。过圆心O作直线的垂线，垂足为P。现在将圆与直线的位置关系分成3种情况：

第一，圆心到直线的距离 OP 大于半径。这时，圆心到直线上所有点的距离都大于半径，所以直线上的所有点都落在圆的外部，称直线与圆相离；

第二，圆心到直线的距离 OP 小于半径。这时，点 P 落在圆内部，这时直线与圆有两个交点，称直线与圆相割；

第三，圆心到直线的距离 OP 等于半径。这时，圆心到直线上其他点的距离都大于半径，所以直线与圆只有一个交点 P，称直线与圆相切交点 P 称为切点。

根据定理 3.4（垂线段定理），马上能得到下面两个关于切线的基本定理，具体证明留给读者。

定理 5.3　设 l 是圆的切线，则连结切点 P 与圆心 O 的半径与切线垂直。

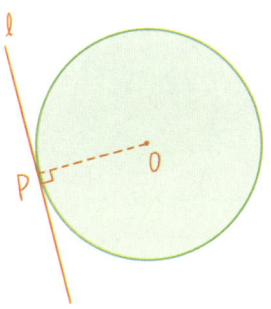

定理 5.4：P 是以点 O 为圆心的一个圆上的一点，过点 P 作 OP 的垂线 l，则 l 是圆的切线，以点 P 为切点。

以圆心 O 为顶点的角称为圆心角。若圆心角的两边与圆分别交于点 A，B，则这两个点将圆分成两个部分，其中落在圆心角内部的部分称为圆心角（即 $\angle AOB$）所对应的弧，记作 $\overgroup{AB}$。线段 AB 称为圆心角所对应的弦。

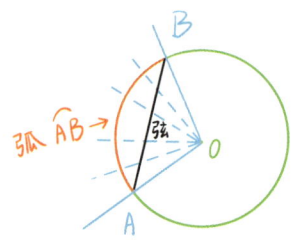

以圆上的点为顶点，以圆上的弦为边的角称为圆周角，圆周角与圆相交的那一部分称为与圆周角相对应的弧。下图橙色部分就是圆周角 $\angle BAC$ 所对应的弧。

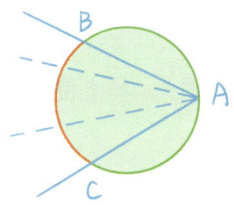

定理5.5 同一段弧所对应的圆心角是圆周角的2倍。

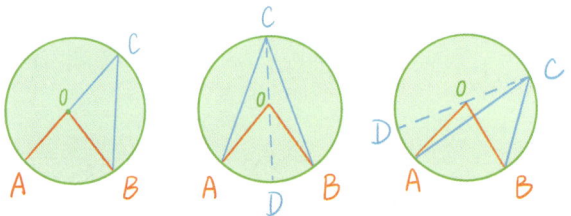

证明：如上图所示，分成3种情况：1，圆心在圆周角边上；2，圆心在圆周角内；3，圆心在圆周角外。我们只证明第三种情况，其他两种情况可以类似证明。根据定理2.2和定理2.7，$\angle AOD = \angle OAC + \angle OCA = 2\angle OCA$，同理 $\angle BOD = 2\angle OCB$。所以 $\angle AOB = \angle BOD - \angle AOD = 2\angle OCB - 2\angle OCA = 2\angle ACB$（证毕）。

由定理5.5可以推出下面3个定理，具体的细节留给读者作为习题。

定理5.6 同一段弧所对的两个圆周角相等。

定理5.7 若一个四边形的顶点都落在同一个圆上，则四边形对角之和等于180°。

定理5.8 半圆或者直径所对的圆周角等于90°。

第六节 相似三角形

定理6.1 （平行线分线段成比例定理）如下图所示，3条平行线 l_1，l_2，l_3 与直线 m 的交点分别是 A，B，C，与直线 n 的交点分别是 D，E，F，则

$$\frac{AB}{BC} = \frac{DE}{EF}$$

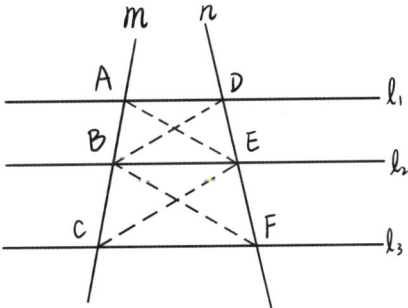

证明：记以 A，B，E 为顶点的三角形面积为 $S_{\triangle ABE}$。因为 $\triangle ABE$ 与 $\triangle BCE$ 过点 E 的高是相同的，所以根据三角形面积公式，$\frac{AB}{BC} = \frac{S_{\triangle ABE}}{S_{\triangle BCE}}$，

同理，$\dfrac{DE}{EF} = \dfrac{S_{\triangle DBE}}{S_{\triangle BFE}}$。根据定理4.4，点$A$与点$D$到直线$l_2$的距离相等，所以$S_{\triangle ABE} = S_{\triangle DBE}$，同理，$S_{\triangle BCE} = S_{\triangle BFE}$。结合这4个等式直接推出$\dfrac{AB}{BC} = \dfrac{DE}{EF}$（证毕）。

若$\angle A$，$\angle B$，$\angle C$分别等于$\angle D$，$\angle E$，$\angle F$，且相对应的边长比值相等，即$\dfrac{AB}{DE} = \dfrac{BC}{EF} = \dfrac{AC}{DF}$，我们称两个三角形$\triangle ABC$和$\triangle DEF$是相似的，记作$\triangle ABC \backsim \triangle DEF$。两个三角形相似意味着它们的形状是完全相同的，只是大小可能不一样。两个全等的三角形自然是相似的。

定理6.2　若直线DE与$\triangle ABC$的边BC平行，且分别与边AB，AC交于点D，E，则$\triangle ABC \backsim \triangle ADE$。

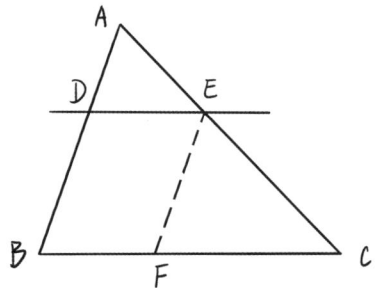

证明：根据公理4，这两个三角形对应的角都相等。根据定理6.1，$\dfrac{AD}{AB} = \dfrac{AE}{AC}$。过点$E$作直线$AB$的平行线，交$BC$于点$F$。因为四边形$BDEF$是平行四边形，根据定理4.2，$DE = BF$。最后根据定理6.1，$\dfrac{AE}{AC} = \dfrac{BF}{BC} = \dfrac{DE}{BC}$。所以$\triangle ABC \backsim \triangle ADE$（证毕）。

和判定三角形全等类似，判断三角形相似也有3种方法。

定理6.3　若$\angle A = \angle D$，且$\dfrac{AB}{DE} = \dfrac{AC}{DF}$，则$\triangle ABC \backsim \triangle DEF$。

142

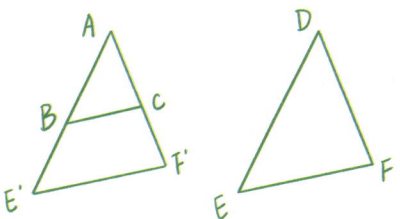

证明：在边 AB 或它的延长线上取点 E' 使得 $AE' = DE$，过点 E' 作 BC 的平行线交边 AC 或它的延长线于点 F'。根据定理 6.2，$\dfrac{AB}{DE} = \dfrac{AB}{AE'} = \dfrac{AC}{AF'}$，联合假设 $\dfrac{AB}{DE} = \dfrac{AC}{DF}$，可以推出 $AF' = DF$。根据边角边定理，$\triangle AE'F' \cong \triangle DEF$，而根据定理 6.2，$\triangle ABC \backsim \triangle AE'F'$，所以 $\triangle ABC \backsim \triangle DEF$（证毕）。

定理 6.4 点 D 和点 E 分别是 $\triangle ABC$ 的边 AB 和 AC 上的点，则 $\dfrac{AB}{AD} = \dfrac{AC}{AE}$ 当且仅当 BC 与 DE 平行。

证明：（$\Leftarrow$）若 BC 与 DE 平行，根据定理 6.1，$\dfrac{AB}{AD} = \dfrac{AC}{AE}$。

（$\Rightarrow$）若 $\dfrac{AB}{AD} = \dfrac{AC}{AE}$，根据定理 6.3，$\triangle ABC \backsim \triangle ADE$，所以 $\angle ADE = \angle B$。再根据定理 2.3，BC 与 DE 平行（证毕）。

定理 6.5 若 $\angle A = \angle D$，$\angle B = \angle E$，则 $\triangle ABC \backsim \triangle DEF$。

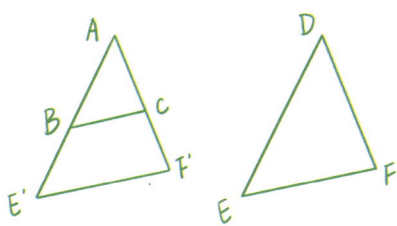

证明：在边 AB 或它的延长线上取点 E' 使得 $AE' = DE$，过点 E' 作 BC 的平行线交边 AC 或它的延长线于点 F'。根据公理 4，$\angle AE'F' = \angle ABC = \angle E$。根据角边角定理，$\triangle AE'F' \cong \triangle DEF$，而根据定理 6.2，$\triangle ABC \sim \triangle AE'F'$，所以 $\triangle ABC \sim \triangle DEF$（证毕）。

用类似的方法，可以证明判断三角形相似的第三个定理，直接给出定理，把证明细节留给读者做练习：

定理 6.6 若 $\dfrac{AB}{DE} = \dfrac{BC}{EF} = \dfrac{AC}{DF}$，则 $\triangle ABC \sim \triangle DEF$。

定理 6.7 （勾股定理）若 $\triangle ABC$ 是直角三角形，斜边为 AB，则 $AB^2 = AC^2 + BC^2$。

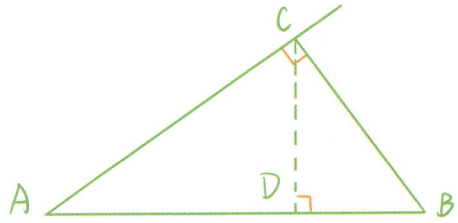

证明：过点 C 作斜边 AB 的垂线，垂足为 D。根据定理 6.5，$\triangle ABC \backsim \triangle ACD$，因此 $\dfrac{AB}{AC} = \dfrac{AC}{AD}$，即 $AC^2 = AB \cdot AD$。同理可得 $BC^2 = AB \cdot BD$，两个等式相加得到 $AB^2 = AC^2 + BC^2$（证毕）。

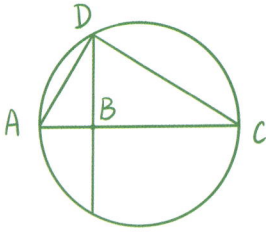

现在可以给出第三章问题 47 的一个几何解释了。如上图所示，

在一条直线上取线段 $AB = 1$，$BC = x$。以 AC 为直径的圆与过点 B 的垂线交于点 D。根据定理 5.8，$\angle ADC = 90°$。因此 $\angle A = 90° - \angle ADB = \angle BDC$。根据定理 6.5，$\triangle ABD \backsim \triangle DBC$，因此 $\dfrac{AB}{BD} = \dfrac{BD}{BC}$。令 $BD = y$，则 $y^2 = x$，所以 y 正是 x 算术平方根。

定理6.8 $\triangle ABC$ 的三条高相交于一点。

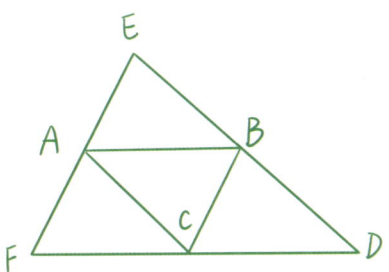

证明：过点 A 作 BC 的平行线，过点 B 作 AC 的平行线，过点 C 作 AB 的平行线，3 条平行线构成 $\triangle DEF$。根据定理 4.2，$AB = CD = FC$，因此点 C 是 DF 的中点，同理，点 A 是 EF 的中点，点 B 是 DE 的中点。所以 $\triangle ABC$ 的 3 条高分别是 $\triangle DEF$ 3 条边的垂直平分线。根据定理 3.8，$\triangle ABC$ 的 3 条高相交于一点（证毕）。

提问时间

证明下面 4 个定理：

定理6.9 若 $\angle BAC$ 内部的一个点 D 到两边的距离相等，则它一定会落在角平分线上。

定理6.10 三角形 3 个内角的角平分线相交于一点。

定理6.11 平行四边形两条对角线的平方和等于 4 条边的平方和。

（提示：画出一条边的高，对3个直角三角形应用勾股定理）

定理6.12　（勾股定理逆定理）给定一个 $\triangle ABC$，若 $AB^2 = AC^2 + BC^2$，则 $\angle C$ 是直角。

*第七节　我们的证明严密吗？

在这一章开始的时候说过，我们打算效仿欧几里得，仅仅从4个公理出发，利用严密的逻辑推理，推导出整个几何知识体系！那么，证明过程真的是严密的吗？真的没有问题吗？

问题不但有，而且非常多！

首先来看定理3.2的证明，其实我们证明的只是"过直线外一点最多只有一条垂线"，并没有证明"过直线外一点一定存在一条垂线"。所以问题来了：

问题51：过直线外一点一定存在一条垂线吗？

比起这个问题，"过直线上的一点一定存在一条垂线"这个结论更容易让人接受。如果我们能够接受这个结论，就可以勉强将定理3.2的证明补充完整。

定理3.2　过直线 AB 外一点 C，有且只有一条直线与 AB 垂直。

证明：（续）根据公理3，过点 C 作一条直线 m 与 AB 平行，再根据刚刚接受的这个结论可以过点 C 作 m 的垂线 n。直线 n 与 AB 一定相交，否则的话，根据定理2.4，直线 n 与 AB 平行，直线 m 与 AB 平行推出直线 n 与直线 m 平行，这就导致矛盾了。既然直线 n 与 AB 一定相交，根据公理4，直线 n 与 AB 就会垂直（证毕）。

但是，定理2.4的证明也有问题，证明过程中已经假设了存在一条直线与 l，m，n 同时相交。那么为什么总会存在一条直线与 l，m，n 同时相交呢？

再看看定理2.8的证明过程，里面有这样一段话："使得 $\triangle ABC$ 和 $\triangle DEF$ 分别位于直线 BC 的两边。连结 AD，则线段 AD 一定会与直线 BC 相交于一点 P。在这里我们已经默认了两个结论：①一条直线会将平面分成两个部分；②连接分别来自这两个部分的两个点的线段一定会与已知直线相交。问题又来了：

问题52：为什么一条直线总会将平面分成两个部分？为什么联结分别来自这两个部分的两点的线段一定会与已知直线相交？

第五节讲到圆与直线的第三种位置关系时，我们又默认：一条过圆内部点的直线一定会与圆相交于两个点。

问题53：为什么一条过圆内部点的直线一定会与圆相交于两个点？

第六节所有的结论都依赖于平行线分线段成比例定理，但是平行线分线段成比例定理的证明要依赖于面积概念和三角形的面积公式，依赖于用3种不同方式求三角形面积得到的结果相等的结论。但我们之前在问题33中已经问过，为什么3种不同方式求三角形面积得到的结果总会相等。这种结论既不是来自公理，也不是从公理中推导得出的，我们能放心接受吗？

还有，读者是否注意到一个有趣的现象，平面几何的许多证明都要借助画图。如果证明过程真的是严密的、无懈可击的，为什么要借助画图呢？这说明在许多证明过程中都借助了我们的几何直观，都默认了一些我们认为是显而易见的结论。

总之，指望从仅仅4条或几条公理出发绝对严格地推导出整个平面几何知识体系是不可能的。为了让整个推导过程越来越严格，必须不断地添加，更改公理，直到所有的证明都变得绝对严密，无懈可击，无需借助画图。

一百多年前，一位名为希尔伯特的德国数学家完成了这个任务，他写的《几何基础》是《几何原本》的升级版，里面的公理多达20条。这本书修正了《几何原本》的逻辑漏洞，所有推导过程绝对严密，无可挑剔，无需借助任何几何直观，点、线、面只是3个代号而已。用希尔伯特本人的话说：

"用桌子、椅子、啤酒杯替换点、线、面，结论依然成立！"

提问时间

能否给出定理2.4的一个更严密的证明。（提示：利用公理3）

第五章

解析几何——坐标方法

1630年前后，两位法国数学家费马和笛卡尔，分别独立地开创了一门联系几何与代数的数学分支——解析几何。解析几何的核心思想就是利用两条垂直的数轴，将平面上的每个点用实数对（两个实数）表示，就像数轴上的点可以用一个实数表示一样。平面上的点与实数对之间的这种对应关系可以将大量的几何问题转化为代数问题，同时也可以为许多代数、方程问题提供几何意义。

其实费马开创解析几何比笛卡尔要早10年左右，但很遗憾的是，现在的大多数教科书介绍解析几何的时候，只提笛卡尔，不提费马。

第一节　平面直角坐标系

在第一章讲过，实数可以与数轴上的点建立完整的一一对应关系，所有实数同时加上一个固定的实数相当于是对数轴做平移变换，同时乘以一个固定的正实数相当于是对数轴做保持原点不动的均匀伸缩变换，同时乘以−1相当于是让数轴绕原点旋转180°。我们称数轴上的点所对应的实数为点的坐标。既然实数可以表示一条直线上的所有点，那用什么样的数据可以表示一个平面上所有的点呢？

当你拿着一张电影票走入影院的时候，如下图所示

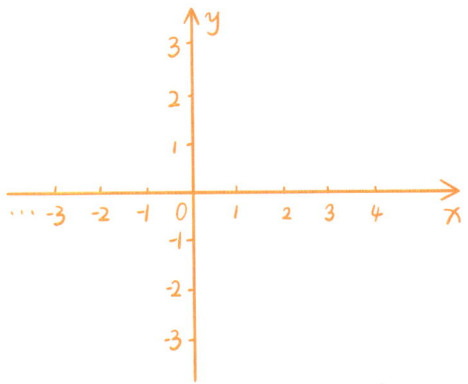

你凭着电影票上写的三排 5 座很快就可以找到你的观影位置。这种用 (三,5) 标注观影位置的方式就启发我们在平面上画两条互相垂直的，原点重合的数轴，分别称为 x 轴与 y 轴。这样的两条数轴就构成了一个平面直角坐标系，这时平面称为坐标平面。

给定平面上任何一点后，分别过这个点作 x 轴与 y 轴的垂线，x 轴上的垂足坐标称为这个点的 x 坐标，y 轴上的垂足坐标称为这个点的 y 坐标，x 坐标与 y 坐标构成的有序实数对就称为这个点的坐标。下图点 A 的 x 坐标与 y 坐标分别是 3 和 2，坐标是 $(3,2)$，点 B 的坐标是 $(-1,-3)$。

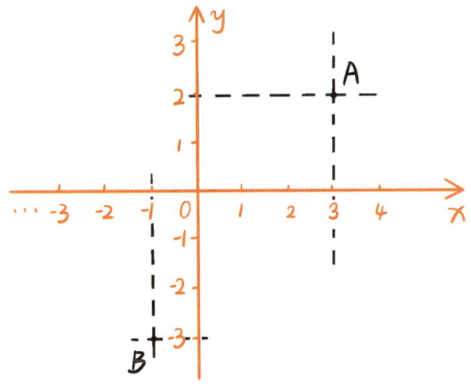

反过来，每个坐标也可以确定平面上的一个点，例如给定坐标 $(-3,5)$，过 x 轴上 -3 这个点作 x 轴的垂线，过 y 轴上 5 这个点作 y 轴的垂线，这两条垂线的交点的坐标正是 $(-3,5)$。

在直角坐标系下，平面上的点与有序实数对 (x,y) 可以建立起一一对应的关系。x 轴上的点正是那些 y 坐标为 0 的点，同样地，y 轴上的点正是那些 x 坐标为 0 的点。x 轴与 y 轴将整个平面分成 4 个部分，分别称为第一象限，第二象限，第三象限，第四象限。下面表格给出各个象限的点的坐标符号特征：

坐标	第一象限	第二象限	第三象限	第四象限
x	>0	<0	<0	>0
y	>0	>0	<0	<0

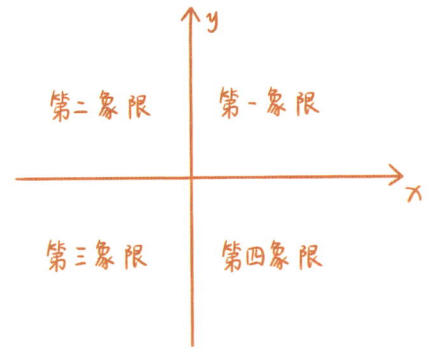

给定平面上两个点 $A(a,b)$，$B(c,d)$，根据勾股定理，

$$AB = \sqrt{(c-a)^2 + (d-b)^2}$$

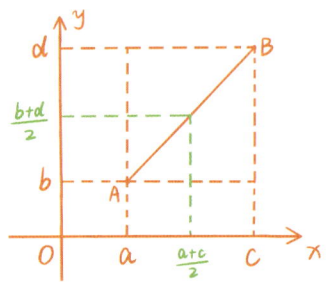

另外，利用平行线分线段成比例定理，还可以得到 AB 的中点坐标为 $\left(\dfrac{a+c}{2}, \dfrac{b+d}{2}\right)$。

提问时间

5.1.1　标出坐标平面上两个点 $A(-3,1)$ 和 $B(1,-2)$ 的位置，并计算线段 AB 的长度和中点的坐标。

5.1.2　已知坐标平面上两点 A 和 B 的坐标分别是 $(1,2)$ 和 $(4,-1)$，C 是线段 AB 上的一个点，$AC = 2BC$，求 C 点的坐标。

5.1.3　请判断坐标平面上三点 $A(2,1)$，$B(3,0)$ 和 $C(5,-2)$ 是否在同一条直线上。（提示：利用第四章的公理2）

5.1.4　请证明坐标平面上三点 $A(1,2)$，$B(3,1)$ 和 $C(0,-5)$ 及其连线构成一个直角三角形。

第二节 平面的平移、伸缩与旋转变换

实数可以与数轴上的点建立一一对应关系，实数的加减乘除运算与数轴的平移、伸缩和旋转也直接挂钩。现在坐标平面的点与有序实数对 (x,y) 可以建立起一一对应的关系。那么有序实数对 (x,y) 有哪些运算，这些运算对应着平面的哪些变换呢？

首先，有序实数对可以相加，$(a,b)+(c,d)=(a+c,b+d)$。让所有 (x,y) 都加上 $(2,0)$ 其实就是让平面上所有点向右移动2，或者是让整个平面向右平移2。

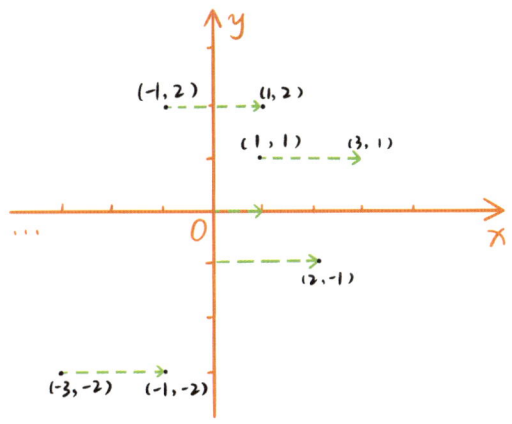

让所有 (x,y) 都加上 $(0,-3)$ 就是让整个平面向下平移3。更一般地，让所有 (x,y) 都加上 (a,b) 其实也是一种平移运动，这种平移运动将原点 $(0,0)$ 移动到点 (a,b)，所以平移的方向就是从点 $(0,0)$ 到点 (a,b) 的方向，

平移的距离是 $\sqrt{a^2+b^2}$。所以每个实数对 (a,b) 不但可以表示平面上的点，还可以看成是平面的一种平移运动，一种有大小，有方向的量，这是一种非常核心的观点，后面还会着重提及这种观点。

除了加法运算外，有序实数对可以相乘，$(a,b)\times(c,d)=(ac,bd)$。让所有 (x,y) 都乘以 $(2,1)$ 其实就是让整个平面保持 y 轴不变，往 x 轴方向拉长为原先的 2 倍，乘以 $\left(1,\dfrac{1}{4}\right)$ 其实就是让整个平面保持 x 轴不变，往 y 轴方向压缩为原先的 $\dfrac{1}{4}$。

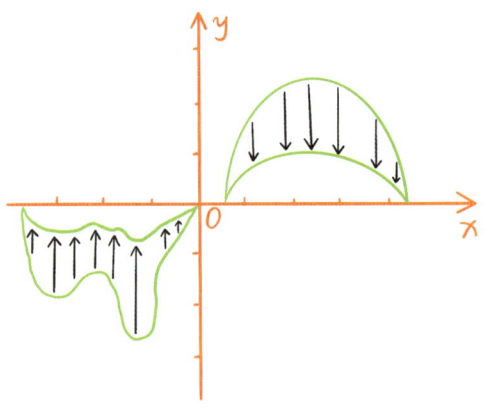

让所有 (x,y) 都乘以 $(-1,1)$ 呢，如果把 y 轴看作一面镜子，这时平面上每个点都变成了它的镜像。

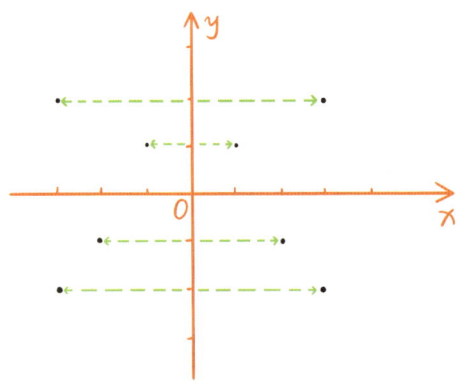

因此让所有 (x, y) 都乘以 $(-1, 1)$ 可以看成是一种照 y 轴镜子的变换，也可以看成是让整个平面绕 y 轴旋转 $180°$，所以点 (x, y) 与点 $(-x, y)$ 关于 y 轴对称。同样地，让所有 (x, y) 都乘以 $(1, -1)$ 可以看成是一种照 x 轴镜子的变换，也可以看成是让整个平面绕 x 轴旋转 $180°$，所以点 (x, y) 与点 $(x, -y)$ 关于 x 轴对称。

最后，让所有 (x, y) 都乘以 $(-1, -1)$ 变成 $(-x, -y)$ 可以看成是整个平面绕原点旋转 $180°$。平面上两个图形是关于点 O 对称的，如果整个平面绕点 O 旋转 $180°$ 会将一个图形变换为另一个图形。根据定义坐标平面上任何点 (x, y) 都和点 $(-x, -y)$ 关于原点对称。

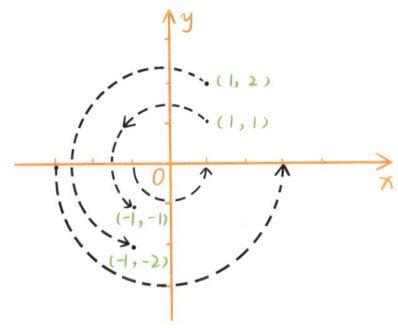

到目前为止，已经介绍了平面直角坐标系，以及用坐标运算表示的各种平面变换。可能有读者会问：这种坐标语言坐标方法有什么用处呢？能用来解决什么样的几何问题？接下来用坐标方法证明第四章定理6.11：

定理　平行四边形 $ABCD$ 两条对角线的平方和等于4条边的平方和。

在下图中，以 B 为原点，以 BC 为 x 轴建立直角坐标系，假设点 C 的坐标是 $(a, 0)$，点 A 的坐标是 (b, c)。注意线段 AB 可以通过平移与 DC 重合，而这样的平移变换把 A 平移至 D，因此正是 $(x, y) \xrightarrow{+(a, 0)} (x + a, y)$，所以点 D 的坐标是 $(a + b, c)$。根据两点距离公式，$AB^2 = CD^2 = b^2 + c^2$，

$BC^2 = AD^2 = a^2$, $AC^2 = (a-b)^2 + c^2$, $BD^2 = (a+b)^2 + c^2$。代入计算得到

$$AB^2 + CD^2 + BC^2 + AD^2 = AC^2 + BD^2。$$

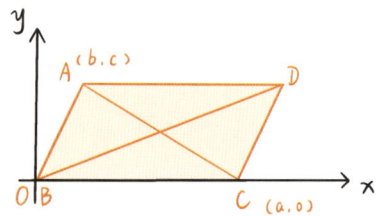

请注意整个证明过程中，没有添加辅助线，而是把几何问题转化为代数计算，请比较这个证明和第四章中提示的几何证明。

提问时间

5.2.1 平面的一个平移变换，把点 $(4,2)$ 变换为点 $(1,4)$，那么它会把点 $(2,-1)$ 变换为哪个点，又会把哪个点变换为点 $(-2,3)$?

5.2.2 整个平面保持 x 轴不变的，往 y 轴方向的均匀伸缩变换把点 $(-1,4)$ 变换为点 $(-1,2)$，那么它会把点 $(2,-2)$ 变换为哪个点，又会把哪个点变换为点 $(0,-1)$?

5.2.3 点 $(-2,3)$ 与哪个点关于 x 轴对称，与哪个点关于 y 轴对称，与哪个点关于原点对称?

*5.2.4 证明海伦-秦九韶公式：若三角形的 3 条边长分别为 a，b，c，则三角形的面积为

$$\frac{1}{4}\sqrt{(a+b+c)(a+b-c)(a-b+c)(-a+b+c)}。$$

（提示：以三角形的一个顶点为原点，以三角形的一条边为 x 轴建立直角坐标系）

第三节　一次函数和相关方程的图象

一次多项式所对应的函数 $y = ax + b\,(a \neq 0)$ 为一次函数，例如 $y = -2x + 1$，$y = x$。函数 $y = ax + b$ 中，x 的系数 a 表示函数值的增长率，若 x 的值增加 x_0，变成 $x + x_0$，那么 y 的值就由 $ax + b$ 变成 $a(x + x_0) + b$，增加了 ax_0。

也可以把这些函数看成是一个关于两个未知量 x 和 y 的方程，方程的每个解都对应着平面上的一个点。例如，$x = 0$，$y = 1$ 是方程 $y = -2x + 1$ 的一个解，对应这平面上的点 $(0, 1)$；另一个解 $x = 1, y = -1$ 对应这平面上的另一个点 $(1, -1)$。一般地，方程 $y = ax + b$ 的所有解对应的点构成的平面图形称为方程或者函数 $y = ax + b$ 的图象。其他方程或函数的图象也是类似定义的，例如函数 $y = x^2$ 的图象就是所有满足 $y = x^2$ 的点 (x, y) 构成的平面图形。

该如何描绘这种方程的图象呢？教科书中的方法是先找出若干个点，比如 $y = -2x + 1$ 的点 $(-1, 3)$，$(0, 1)$，$(1, -1)$，$(2, -3)$，再将这些点描在坐标平面时，你会观察发现这些点都在一条直线上，这条直线就是方程或者函数 $y = -2x + 1$ 的图象。

但是，观察是可能有误差的，如何断定这所描的有限个点会恰好落在一条直线上，即使这有限个点真的落在一条直线上，也不能说明函数或方程的所有点都落在这条直线上，因此问题来了：

问题 54：为什么一次函数的图象是一条直线？

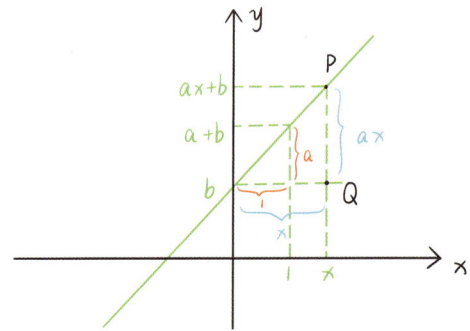

其实确定一条直线只需要两个点就好了。所以先给出方程或者函数 $y = ax + b$ 的两个点 $(0, b)$，$(1, a + b)$，过这两点作直线，接下来将说明方程的一般点 $(x, ax + b)$ 确实都落在这条直线上。在上图中过 x 轴上的点 x 做 y 轴的平行线，与直线交于点 P，根据相似三角形的性质容易得出 $PQ = ax$，因此点 P 的坐标为 $(x, ax + b)$。上图只涉及 $x > 1$ 情形，其他情形留给读者分析。

从现在开始，$y = ax + b$ 不但可以表示函数和方程，还可以表示坐标平面上的一条直线。观察上图，我们发现直线 $y = ax + b$ 的倾斜度仅仅依赖于 x 的系数 a。实际上 x 的系数相等的两条直线是平行的，因为直线 $y = ax + b$ 是由直线 $y = ax$ 平移得到的。为什么呢？注意若 (x_0, y_0)，是直线 $y = ax$ 上的一个点，则 $(x_0, y_0 + b)$ 就是 $y = ax + b$ 的点，所以在平面的平移变换

$$(x, y) \xrightarrow{\ +(0, b)\ } (x, y + b)$$

之下，直线 $y = ax$ 变成直线 $y = ax + b$。

一次函数的图象中，直线 $y = x$ 比较特殊，它与平面的变换

$(x,y)\longrightarrow(y,x)$ 相关联。注意直线 $y=x$ 在这个变换下是保持不变的，实际上这个变换就是将整个平面绕直线 $y=x$ 旋转 $180°$。这里可能有学生会问：

> **问题55：为什么平面变换$(x,y)\longrightarrow(y,x)$就是将整个平面绕直线$y=x$旋转$180°$？**

这个问题留给读者探索，回答这个问题的关键点是注意到平面上任何两个点的距离在这个平面变换前后都是保持不变的。

除了一次函数的图象是直线外，常值函数 $y=c$，例如 $y=0$，$y=1$，$y=-2$……也都是直线，是与 x 轴平行或重合的直线。

我们在第三章解过一元一次方程，比如 $-2x+4=0$。这种方程其实可以转化成方程组的形式

$$\begin{cases} y=-2x+4 \\ y=0 \end{cases}$$

这个方程组的解要同时满足这两个方程，这等于是说点 (x_0,y_0) 要同时落在直线 $y=-2x+4$ 和 x 轴：$y=0$ 上。

因此解方程 $-2x+4=0$ 在几何上就是对应着直线 $y=-2x+4$ 与 x 轴的交点。这是一个至关重要的观点，而且可以立即推广。例如解更复杂的方程 $x^2+4x-5=0$ 在几何上就是对应着函数 $y=x^2+4x-5$ 的图象与 x 轴的交点。这就将解方程这种代数问题，转化为求交点这种几何问题。更一般地：

方程 $f(x)=0$ 的解在几何上就是对应着函数 $y=f(x)$ 的图象与 x 轴的交点。我们称这种交点的 x 坐标为函数 $y=f(x)$ 的零点。

再回到平面直线，现在已经有了一次函数所表示的直线 $y = ax + b$，和常值函数所表示的直线 $y = c$，那么这些直线是不是已经包括了平面上的所有直线呢？

不是的！一些不包含 y 的方程，例如 $x = 0$，$x + 1 = 0$，$x - 3 = 0$……也都可以表示直线，是与 y 轴平行或重合的直线。这些直线不是函数的图象，因为它上面的点的 x 坐标是固定的，y 坐标却可以取得任何值。

可以将这三类直线统一表示成方程 $ax + by + c = 0$ 的图像，这里要求 a 和 b 不全等于 0。在平面的平移变换

$$(x, y) \xrightarrow{\ +(b, -a)\ } (x + b, y - a)$$

之下，方程 $ax + by + c = 0$ 的图像变成方程 $a(x - b) + b(y + a) + c = 0$ 的图像，因为 (x, y) 满足方程 $ax + by + c = 0$ 当且仅当 $(x + b, y - a)$ 满足方程 $a(x - b) + b(y + a) + c = 0$。但是化简之后，你会发现，这两个方程实质上是一样的。因此直线 $ax + by + c = 0$ 在这个平移变换下位置保持不变，所以直线 $ax + by + c = 0$ 的方向与从原点指向点 $(b, -a)$ 的方向是平行的。由此容易得出"两条直线 $a_1 x + b_1 y + c_1 = 0$ 和 $a_2 x + b_2 y + c_2 = 0$ 的方向是平行"当且仅当"存在一个非零实数 k 使得 $ka_1 = a_2$，$kb_1 = b_2$"，而这又等价于"$a_1 b_2 - a_2 b_1 = 0$（为什么）"。

在第三章，解过二元一次方程组

$$\begin{cases} a_1 x + b_1 y = d_1 \\ a_2 x + b_2 y = d_2 \end{cases}$$

这个方程的解，现在就可以看成是直线 $a_1 x + b_1 y - d_1 = 0$ 和直线 $a_2 x + b_2 y - d_2 = 0$ 的交点，所以方程组有唯一解当且仅当两条直线相交，而两条直线相交当且仅当 $a_1 b_2 - a_2 b_1 \neq 0$，这是二元一次方程组的

几何解释。实际上从代数角度来看，若 $a_1b_2 - a_2b_1 = 0$，则存在一个非零实数 k 使得 $ka_1 = a_2$，$kb_1 = b_2$，这时用消元法就无法消去一个变量，留下另一个变量。

这里要提醒读者留意 $a_1b_2 - a_2b_1$ 这种表达式是非常重要的，后面还会多次碰到，为了突出重要性，为这个量引入一个记号

$$\begin{vmatrix} a_1 & b_1 \\ a_2 & b_2 \end{vmatrix} = a_1b_2 - a_2b_1。$$

当 $\begin{vmatrix} a_1 & b_1 \\ a_2 & b_2 \end{vmatrix} \neq 0$ 时，上面这个二元一次方程组的唯一解就有非常漂亮的公式：

$$x = \frac{\begin{vmatrix} d_1 & b_1 \\ d_2 & b_2 \end{vmatrix}}{\begin{vmatrix} a_1 & b_1 \\ a_2 & b_2 \end{vmatrix}}, \quad y = \frac{\begin{vmatrix} a_1 & d_1 \\ a_2 & d_2 \end{vmatrix}}{\begin{vmatrix} a_1 & b_1 \\ a_2 & b_2 \end{vmatrix}}$$

请读者自行验证。

提问时间

5.3.1　求与直线 $y = 2x$ 平行，且过点 $(2,3)$ 的直线方程。

5.3.2　求过点 $(-2,1)$ 和点 $(2,5)$ 的直线方程。

*5.3.3　在平面变换 $(x,y) \longrightarrow (y,x)$ 之下，点 A 和点 B 分别变换为点 C 和点 D，证明：$AB = CD$。（提示：利用坐标平面的两点距离公式）

在这个结论的基础上，请证明点 A 到直线 $y = x$ 的距离等于点 C 到直线 $y = x$ 的距离。（提示：直线外一点到直线上所有点的距离中，垂线段最短，这个最短值正是点到直线的距离。）

5.3.4 给定四个实数 a_1、b_1、a_2、b_2，其中 a_1 和 b_1 不全为 0，a_2 和 b_2 也不全为 0，证明存在一个非零实数 k 使得 $ka_1 = a_2$，$kb_1 = b_2$ 当且仅当 $a_1b_2 - a_2b_1 = 0$。

5.3.5 点 $A:(a,b)$ 和点 $B:(c,d)$ 是平面上两个不同的点，请证明到点 A 和点 B 的距离相等的所有点构成一条直线，并写出这条直线的方程。

第四节 二次函数和相关方程的图象

一块小石头被水平地抛出后，小石头划过的运动轨迹称为抛物线。这时小石头的运动可以分解为水平方向的匀速运动和竖直方向的自由落体运动。如果假设小石头是以 10 米/秒的速度被水平抛出，那么 t 秒时刻，小石头水平方向运动的距离就是 $10t$，竖直方向自由下落的距离为 $4.9t^2$，它所处的位置点就是 $(10t, -4.9t^2)$，这个点总会落在函数或者方程 $y = -0.049x^2$ 的图象上。

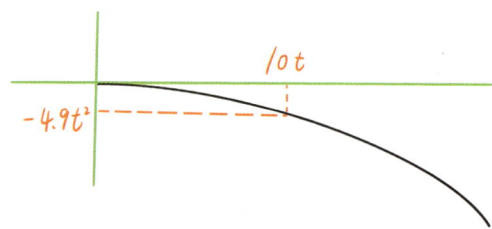

所以，将函数或者方程 $y = ax^2 (a \neq 0)$ 的图象称为抛物线。注意，在绕 y 轴旋转 $180°$ 的平面变换

$$(x, y) \longrightarrow (-x, y)$$

之下，抛物线 $y = ax^2$ 的位置保持不变，所以 y 轴是抛物线 $y = ax^2$ 的对称轴。

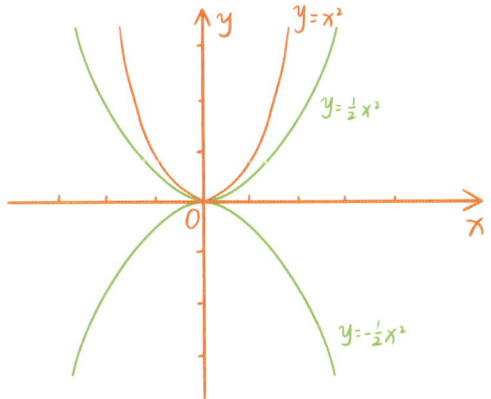

当 $a > 0$ 时，抛物线 $y = ax^2$ 的开口是朝上的，而且 a 越大抛物线开口越小。当 $a < 0$ 时，开口是朝下。实际上抛物线 $y = ax^2$ 和抛物线 $y = -ax^2$ 是关于 x 轴对称的。

比 $y = ax^2$ 更一般的，是二次多项式所对应的函数 $y = ax^2 + 2bx + c(a \ne 0)$，我们称其为二次函数，例如 $y = -x^2 + 2x + 1$，$y = x^2 + 2x - 1$。二次函数 $y = ax^2 + 2bx + c$ 的图象其实也是抛物线。比如函数 $y = x^2 + 2x - 1$，可以写成方程 $y + 2 = (x + 1)^2$，它的图象是由抛物线 $y = x^2$ 通过平移变换 $(x, y) \longrightarrow (x - 1, y - 2)$ 得到。

为什么呢？注意若 (x_0, y_0) 是抛物线 $y = x^2$ 上的一个点，则 (x_0, y_0) 满足方程 $y = x^2$，因此 $(x_0 - 1, y_0 - 2)$ 就满足 $y + 2 = (x + 1)^2$，所以 $(x_0 - 1, y_0 - 2)$ 就是 $y + 2 = (x + 1)^2$ 上的点。

更一般地，任何二次函数 $y = ax^2 + 2bx + c$ 的图象都可以通过抛物线 $y = ax^2$ 平移得到。在左右平移变换

$$(x,y) \longrightarrow \left(x - \frac{b}{a}, y\right)$$

之下，抛物线 $y = ax^2$ 变成函数 $y = a\left(x + \dfrac{b}{a}\right)^2 = ax^2 + 2bx + \dfrac{b^2}{a}$ 的图象，

对称轴变成 $x = -\dfrac{b}{a}$。再做一次上下平移变换

$$(x,y) \longrightarrow \left(x, y - \frac{b^2 - ac}{a}\right)$$

之后，就变成 $y = ax^2 + 2bx + c$ 的图象，对称轴还是 $x = -\dfrac{b}{a}$。

这也启发我们给出一元二次方程 $ax^2 + 2bx + c = 0$ 的一种解法，方程可以转化为 $a\left(x + \dfrac{b}{a}\right)^2 - \dfrac{b^2 - ac}{a} = 0$，进一步简化为 $\left(x + \dfrac{b}{a}\right)^2 = \dfrac{b^2 - ac}{a^2}$。

这种一元多项式方程的解称为根。当 $b^2 - ac > 0$ 时，两边开根号得出方程的两个不同根 $x_1 = \dfrac{-b + \sqrt{b^2 - ac}}{a}$，$x_2 = \dfrac{-b - \sqrt{b^2 - ac}}{a}$，抛物线与 x 轴有两个交点。这时一元多项式有分解式为 $ax^2 + 2bx + c = a\left(x - x_1\right)\left(x - x_2\right)$。这个分解式可以直接用平方差公式验证，不过还有更本质的证明方法（参见本节末尾的5.4.6和5.4.7）。

当 $b^2 - ac = 0$ 时，只有一个根 $x = \dfrac{-b}{a}$，抛物线与 x 轴只有一个交点。这时仍然有分解式 $ax^2 + 2bx + c = a\left(x - x_1\right)^2$。

当 $b^2 - ac < 0$ 时，由于任何实数的平方都不可能是负数，所以方程无实根，抛物线与 x 轴没有交点。这时 $ax^2 + 2bx + c$ 不能分解为两个一次多项式的乘积，因为如果有分解式 $ax^2 + 2bx + c = a\left(x - x_1\right)\left(x - x_2\right)$，

那么将 $x = x_1$ 或 x_2 代入就说明 x_1 和 x_2 是方程的根。

也可以从二次函数图像的平移过程来看方程 $ax^2 + 2bx + c = 0$ 的根，可以先假设 $a > 0$。上面讲过，$y = ax^2 + 2bx + c$ 的图象都可以通过对抛物线 $y = ax^2$ 先做一次左右平移变换，然后再做上下平移 $(x, y) \longrightarrow \left(x, y - \dfrac{b^2 - ac}{a}\right)$ 得到。抛物线 $y = ax^2$ 开口朝上，而且与 x 轴只有一个交点。左右平移并不改变抛物线 $y = ax^2$ 与 x 轴的交点个数，但上下平移却会改变。当 $b^2 - ac > 0$ 时，平面变换 $(x, y) \longrightarrow \left(x, y - \dfrac{b^2 - ac}{a}\right)$ 是向下平移，平移后的抛物线与 x 轴有两个交点；当 $b^2 - ac < 0$ 时，平面变换 $(x, y) \longrightarrow \left(x, y - \dfrac{b^2 - ac}{a}\right)$ 是向上平移，平移后的抛物线与 x 轴没有交点。$a < 0$ 的情况也可以类似说明。

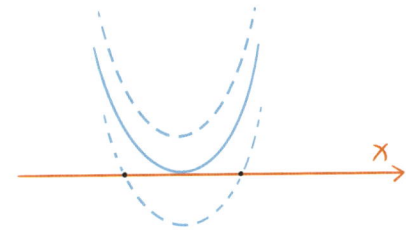

称 $\Delta = b^2 - ac$ 为方程 $ax^2 + 2bx + c = 0$ 或者抛物线 $y = ax^2 + 2bx + c$ 的判别式。用上一节的记号，判别式这个非常重要的量可以写作 $\Delta = - \begin{vmatrix} a & b \\ b & c \end{vmatrix}$。

利用上面方法具体求解一个一元二次方程 $x^2 + 4x + 3 = 0$。希望把等号左边转化为 $(x + a)^2 + b$ 的形式，根据完全平方公式，应该取 $a = 2$，$b = -1$。这时方程变成 $(x + 2)^2 = 1$，最终解为 $x = -1$ 或 -3，并得到分解式 $x^2 + 4x + 3 = (x + 1)(x + 3)$。这种方法称为配方法。

将函数 $y = ax^2 + 2bx + c$ 转化为 $y = a\left(x + \dfrac{b}{a}\right)^2 - \dfrac{b^2 - ac}{a}$ 后，容易看出，当 $a > 0$ 时，$y = ax^2 + 2bx + c \geqslant -\dfrac{b^2 - ac}{a}$，等号成立当且仅当 $x = -\dfrac{b}{a}$，也就是说函数 $y = ax^2 + 2bx + c$ 在 $x = -\dfrac{b}{a}$ 处取得最小值 $-\dfrac{b^2 - ac}{a}$。同理，当 $a < 0$ 时，函数 $y = ax^2 + 2bx + c$ 在 $x = -\dfrac{b}{a}$ 处取得最大值 $-\dfrac{b^2 - ac}{a}$。

提问时间

5.4.1 解方程 $x^2 + 6x + 8 = 0$；$x^2 + 4x - 5 = 0$；$x^2 + 4x + 6 = 0$。

5.4.2 分解多项式 $y^2 + 2y - 3$ 与 $z^2 + z - 6$。

5.4.3 请描述方程 $x = 2y^2$ 的图象，并指出它与抛物线 $y = 2x^2$ 的关系。

5.4.4 请问函数 $y = 2x^2 - 4x + 3$ 的最小值是多少，在何处取得最小值?

5.4.5 求点 $(2, 1)$ 到直线 $y = 2x + 1$ 的距离。

*5.4.6 证明若 b 是 n 次多项式方程

$$a_n x^n + a_{n-1} x^{n-1} + \cdots\cdots + a_1 x + a_0 = 0$$

的一个根，则有因式分解：

$$a_n x^n + a_{n-1} x^{n-1} + \cdots\cdots + a_1 x + a_0 = (x - b)f(x)$$

其中 $f(x)$ 是 $n - 1$ 次多项式。（提示：考虑用 $x - b$ 除 $a_n x^n + a_{n-1} x^{n-1} + \cdots\cdots + a_1 x + a_0$ 的带余除法表示）

*5.4.7　更进一步，请证明若 $b_1, b_2, \cdots\cdots, b_k$ 是 n 次多项式方程

$$a_n x^n + a_{n-1} x^{n-1} + \cdots\cdots + a_1 x + a_0 = 0$$

的彼此各不相同的根，则有因式分解

$$a_n x^n + \cdots\cdots + a_1 x + a_0 = (x - b_1)(x - b_2)\cdots\cdots(x - b_k)g(x)$$

其中 $g(x)$ 是 $n-k$ 次多项式，所以 n 次多项式方程最多有 n 个根。

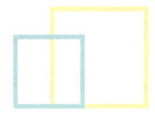

第五节　其他常见函数和方程的图象

我们先来介绍反比例函数。如果两个量 x 和 y 的乘积 $xy = a$ 是固定的，这两个量 x 和 y 是成反比例的。假设小明的家和学校之间的路程是 1000 米，那么小明走路上学的速度 x 和他从家到学校所花的时间 y 就是成反比例的，$xy = 1000$。小明的暑假作业是完成 300 道数学题，如果他每天做 10 道，30 天才能做完；如果每天做 15 道，只要 20 天就能做完，因此他暑假里每天做的数学题数 x 与完成暑假作业所花的天数 y 就是成反比例，$xy = 300$。我们称与方程 $xy = a$ 相对应的函数 $y = \dfrac{a}{x}$ 为反比例函数，下面是当 $a = 1$ 时反比例函数的图象。

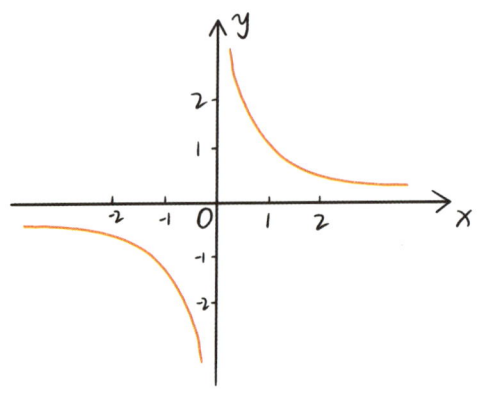

当 $a > 0$ 时，x 和 y 是同号的，所以反比例函数 $y = \dfrac{a}{x}$ 的图像是在第一象限与第三象限中。在第一象限中，当 x 越来越大时，函数值 y 越来越小，无限逼近 0，所以函数图像无限逼近 x 轴；当 x 越来越小，无限逼近 0 时，函数值 y 越来越大，所以函数图像无限逼近 y 轴。当 $a < 0$ 时，x 和 y 是异号的，所以 $y = \dfrac{a}{x}$ 的图像是在第二象限与第四象限中。下面是 $a = -1$ 时的反比例函数图像

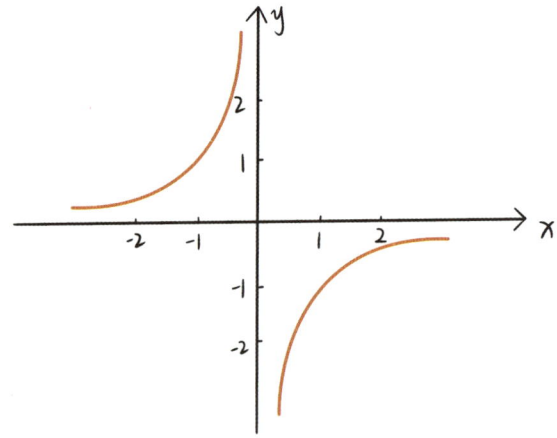

接下来介绍圆的方程。根据坐标平面的两点距离公式，平面上一个点 (x, y) 到原点的距离等于 $r > 0$ 当且仅当 $x^2 + y^2 = r^2$。所以方程 $x^2 + y^2 = r^2$ 的图像就是以原点为圆心，以 r 为半径的圆。平移变换

$(x,y) \xrightarrow{+(a,b)} (x+a, y+b)$ 之下，圆 $x^2 + y^2 = r^2$ 变换成方程 $(x-a)^2 +$
$(y-b)^2 = r^2$ 的图象，就是以点 (a,b) 为圆心，以 r 为半径的圆。方程
$(x-a)^2 + (y-b)^2 = r^2$ 还可以写成

$$x^2 + y^2 - 2ax - 2by + a^2 + b^2 - r^2 = 0$$

所以平面上所有圆的方程都可以写成这种类型

$$x^2 + y^2 + ux + vy + w = 0$$

在第四章讲过，在平面上，圆与直线最多有两个交点。其实也可
以从代数的角度来看这个问题，以圆心为坐标原点，建立直角坐标系，
我们可以假设圆的方程是 $x^2 + y^2 = r^2$，直线的方程是 $y = ax + b$，则圆
与直线的交点坐标就是联立方程组的解

$$\begin{cases} ax + b = y \\ x^2 + y^2 - r^2 = 0 \end{cases}$$

在 $x^2 + y^2 - r^2 = 0$ 中用 $ax + b$ 代替 y，得到 $x^2 + (ax+b)^2 - r^2 = 0$，这是
一元二次方程，最多只有两个解，所以联立方程组也是最多只有两个解。

比圆更一般的是椭圆，椭圆可以通过对圆做伸缩变换得到。椭圆
的标准方程是 $\dfrac{x^2}{a^2} + \dfrac{y^2}{b^2} = 1$，$(a \geqslant b > 0)$，可以由圆 $x^2 + y^2 = a^2$ 做伸缩变
换 $(x,y) \longrightarrow \left(x, \dfrac{b}{a}y\right)$ 得到。

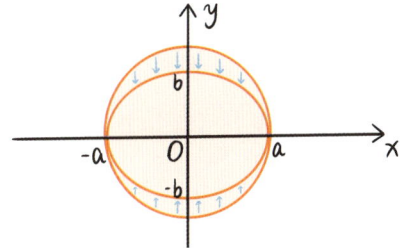

圆 $x^2 + y^2 = a^2$ 的面积是 πa^2，而伸缩变换 $(x, y) \longrightarrow \left(x, \dfrac{b}{a}y\right)$ 似乎会把平面图形的面积变成原来的 $\dfrac{b}{a}$（至少对于边与坐标轴平行的长方形是如此），所以我们猜测椭圆 $\dfrac{x^2}{a^2} + \dfrac{y^2}{b^2} = 1$ 的面积公式应该是 $S = \pi ab$，这是圆面积公式的推广。但是第二章圆面积公式的推导方式无法照搬过来推导椭圆面积公式。所以需要问这样一个问题：

问题56：为什么椭圆 $\dfrac{x^2}{a^2} + \dfrac{y^2}{b^2} = 1$ 的面积是 πab？

这个问题留给读者思考。

提问时间

5.5.1　请用两个平面（翻转，伸缩）变换将函数 $y = \dfrac{-3}{x}$ 的图像变换为函数 $y = \dfrac{2}{x}$ 的图像。

5.5.2　请用3个平面（平移，伸缩）变换将函数 $y = \dfrac{4x + 1}{2x - 1}$ 的图象变换为反比例函数 $y = \dfrac{1}{x}$ 的图象。

5.5.3　求圆 $x^2 + y^2 + 4x + 6y + 12 = 0$ 的圆心坐标与半径。

5.5.4　请判断圆 $x^2 + y^2 - 4x + 2y - 1 = 0$ 与直线 $y = 3x + 1$ 的位置关系是相割，相切，还是相离。

第六章

三角函数

第一节　锐角正弦函数和余弦函数

三角函数起源于天文、航海和建筑等方面的测量需要，下面是古人航海时常会碰到的两个典型问题：

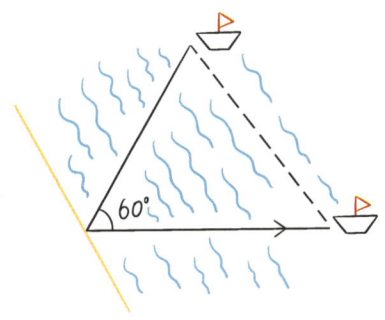

1. 如果两艘船从同一个海岸口出发同时驶入大海，行驶速度分别是800米/时和1000米/时，且它们行驶方向的夹角是60°，那么半个小时后两艘船的距离是多少呢？要知道在大海上是无法直接测量距离的。

2. 如果两艘船分别从海岸线上相距300米的地方驶入大海，且它们的行驶方向与海岸线的夹角分别是60°，45°，如果它们相遇，那么它们分别行驶多长距离后才会相逢？

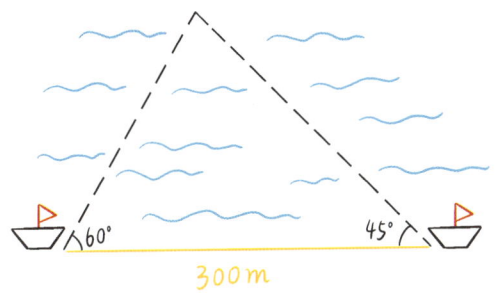

如果将这类航海问题提炼成数学语言就是：

1. 在 $\triangle ABC$ 中已知 AB 与 AC 的长度以及夹角 $\angle A$，如何计算对边 BC 的长度。

2. 在 $\triangle ABC$ 中已知 AB 的长度以及 $\angle A$，$\angle B$，如何计算 AC 与 BC 的长度。

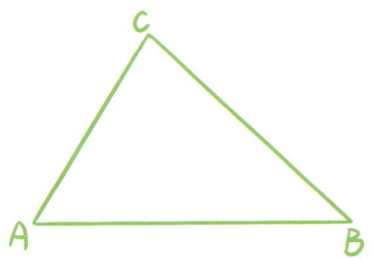

平面几何中的边角边全等判定定理告诉我们知道 AB 与 AC 的长度和夹角 $\angle A$ 就足以确定对边 BC 的长度，角边角定理也说明知道 AB 的长度以及 $\angle A$，$\angle B$ 就足以确定 AC 与 BC 的长度，但是实际应用关心的是能否将 BC 表示成关于 AB，AC 和 $\angle A$ 的一个具体表达式，能否将 AC 与 BC 表示成关于 AB，和 $\angle A$，$\angle B$ 的具体表达式。

先来考虑第 1 个问题，如何将 BC 表示成 AB、AC 和 $\angle A$ 的一个具体表达式。注意，如果将 $\triangle ABC$ 放大 8 倍或 10 倍，那么每条边都变成原先的 8 倍或 10 倍，但是 $\angle A$ 却一直不变。所以，如果有这样的表达式，$\angle A$ 在其中一定与某些边的比值挂钩。但是，仅仅确定 $\angle A$，比如仅仅知道 $\angle A = 60°$，并不能确定 $\triangle ABC$ 中任何两条边的比值。

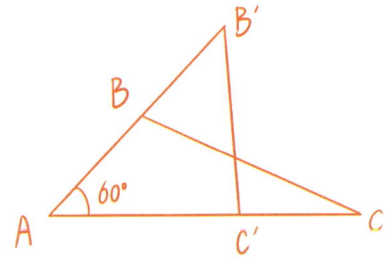

不过，如果限制在特殊的三角形——直角三角形上的话，那么根据相似三角形的判断定理，确定一个锐角∠A的话，三角形的3条边的比值也就确定了。

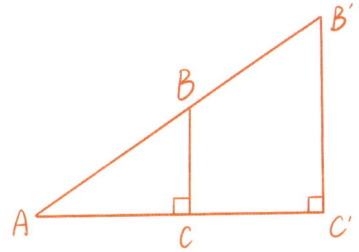

因此要引入直角三角形ABC中两个关于锐角∠A的函数，第一个是对边与斜边的比值，称为正弦函数，记作sin∠A，通常缩写为sinA，

$$\sin A = \frac{BC}{AB}$$

另一个是邻边与斜边的比值，称为余弦函数，记作cos∠A，缩写为cosA，

$$\cos A = \frac{AC}{AB}$$

根据定义，∠A的正弦函数值正是∠B的余弦函数值，所以

$$\sin\angle A = \cos(90° - \angle A)。$$

下图中△ABC是边长为1的等边三角形，D是BC中点，根据第四章的定理3.8，∠ADB = 90°，∠BAD = 30°，所以 $\sin 30° = \frac{1}{2}$。根据勾股定理，$AD = \frac{\sqrt{3}}{2}$，所以 $\cos 30° = \frac{\sqrt{3}}{2}$，进一步又可以得到 $\cos 60° = \frac{1}{2}$，$\sin 60° = \frac{\sqrt{3}}{2}$。

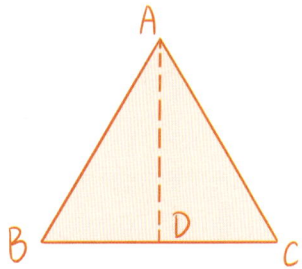

一个等腰直角三角形，如果两条直角边长度都为 1，则由勾股定理，斜边长度为 $\sqrt{2}$，所以 $\sin 45° = \cos 45° = \dfrac{\sqrt{2}}{2}$。

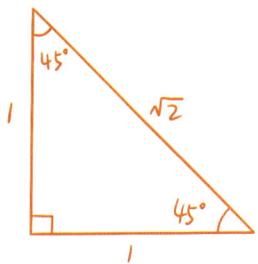

对斜边长为 1 的直角三角形运用勾股定理就得到正弦余弦函数的平方和公式：

$$\sin^2\alpha + \cos^2\alpha = 1$$

 **提问时间**

6.1.1　已知 $0° < \alpha < 90°$ 且 $\sin \alpha = \dfrac{4}{5}$，求 $\sin(90° - \alpha)$，$\cos \alpha$ 和 $\cos(90° - \alpha)$。

6.1.2　在下图中，请用 BC 与 $\sin A$ 表示 AD。

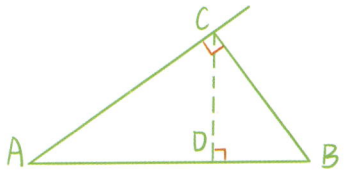

6.1.3　证明：若 $0° < \alpha < \beta < 90°$，则 $\sin \alpha < \sin \beta$，且 $\cos \alpha > \cos \beta$。（提示：利用第四章定理 2.11）

第二节　锐角正弦定理与锐角余弦定理

接下来，利用余弦函数 $\cos A$，就可以在一般的锐角三角形 $\triangle ABC$ 中将 BC 表示成关于 AB，AC 和 $\angle A$ 的一个具体表达式，过点 C 作三角形的高，垂足为 D。这时 $\triangle ABC$ 被划分成两个直角三角形。

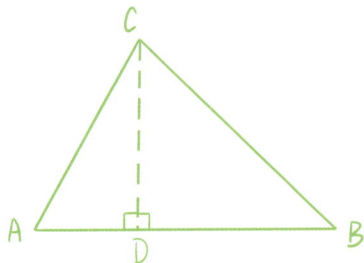

根据余弦函数的定义，$AD = AC\cos A$，所以 $BD = AB - AC\cos A$。根据勾股定理 CD 和 BC 也就都可以表示成关于 AB，AC 和 $\angle A$ 的一个具体表达式，具体的推导如下：

对这两个直角三角形应用勾股定理得到

$$AC^2 - AD^2 = BC^2 - BD^2$$

移项后利用平方差公式得到

$$BC^2 = AC^2 + \left(BD^2 - AD^2\right) = AC^2 + AB(AB - 2AD)$$
$$= AC^2 + AB^2 - 2AB \cdot AC\cos A$$

这个结论为余弦定理，它将对边用两个邻边和角度余弦来表示。

接下来继续看 $\triangle ABC$，根据正弦函数的定义

$$\sin A = \frac{CD}{AC}, \ \sin B = \frac{CD}{BC}$$

所以

$$\frac{BC}{\sin A} = \frac{AC}{\sin B}$$

同理可得

$$\frac{BC}{\sin A} = \frac{AB}{\sin C}$$

我们将等式

$$\frac{BC}{\sin A} = \frac{AC}{\sin B} = \frac{AB}{\sin C}$$

称为正弦定理，这个结论告诉我们如果知道了锐角三角形的一条边和3个角，那么其他两个边就可以通过这两个角的正弦函数值直接计算得出。

提问时间

6.2.1 在 $\triangle ABC$ 中已知 $AB = 4$，$AC = 7$，$\angle A = 60°$，求 BC、$\sin B$ 和 $\sin C$。

6.2.2 请思考第四章定理2.9和定理2.11与正弦、余弦定理的关联。

第三节 任意角的正弦函数与余弦函数

注意，上一节讲的余弦定理 $BC^2 = AC^2 + AB^2 - 2AB \cdot AC\cos A$ 只能应用于求三角形中锐角的对边。当 $\angle A$ 从锐角渐渐逼近为直角时，情况如何呢？根据勾股定理，$BC^2 = AC^2 + AB^2$，为了使得余弦定理依然成立，似乎应该有 $\cos 90°$ 等于 0。实际上，在直角三角形中，一个锐角如果无限逼近 90°，邻边与斜边的比值确实无限逼近 0。

$\angle A$ 逐渐逼近 0 的时候呢？这时 $BC^2 = (AB - AC)^2$，为了使得余弦定理继续成立，似乎应该有 $\cos 0°$ 等于 1。实际上，直角三角形中的一个锐角如果无限逼近 0°，邻边与斜边的比值确实无限逼近 1。

如果 $\angle A$ 是钝角，余弦定理还成立吗？该如何定义钝角的余弦值？当 AB，AC 保持不变，$\angle A$ 从直角变成钝角时，直觉告诉我们 BC 应该也是逐渐变长，为了使得余弦定理成立，钝角的余弦值似乎要定义为负数。最后，当 $\angle A$ 从钝角渐渐逼近为 180° 时，$BC = AB + AC$，为了让余弦定理成立，是不是该有 $\cos 180° = -1$？

接下来，将拓展角的概念，并对所有角定义正弦函数和余弦函数，使得正弦定理、余弦定理对任意三角形都成立。

首先，先用另一种方式来衡量角。之前定义的正弦函数和余弦函数，是关于角度的函数，输入的量是角度。但是数轴和平面坐标系却是联系数与长度。为了更好地定义正弦函数和余弦函数，我们希望将角度换算成长度。具体的做法是将 360° 换算成单位圆（半径为 1）的周长，就是 2π，因此 180° 就换算成单位半圆的弧长，就是 π，直角换算成 $\frac{\pi}{2}$。把新的量称为角的弧度，原先的量称为角的角度。例如 30° 角的弧度就是 $\frac{\pi}{6}$，45° 角的弧度就是 $\frac{\pi}{4}$。一般地，单位圆中圆心角的弧度就是圆心角所对的弧长。这里可能有人会问：

问题 57：为什么要用这种新的方法衡量角度呢？

之后我们定义任意角的正弦函数与余弦函数时，你会发现，利用这种新的衡量角度的方法，正弦函数与余弦函数可以有一个非常简洁的几何解释。采用这种新的衡量方法还有更深层次的原因，涉及高等数学中的欧拉公式，这已经远远超出了本书的范围。

现在开始拓展角的概念。假设 A 是坐标平面上不同于原点 O 的一个点，该用什么样的数据描述从 O 到 A 的方向呢？

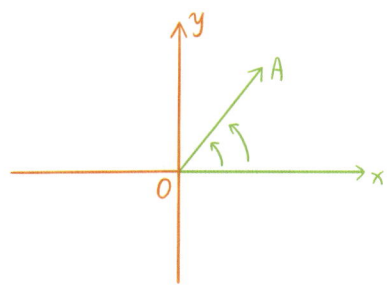

不少读者都会想到，用角来刻画方向。从原点 O 出发，x 轴正方向的射线定为起始边，OA 方向角就是定义为这条起始边绕原点 O 旋转到射线 OA 所形成的角。注意在平面上，旋转有两个方向：顺时针和逆时针。规定逆时针旋转形成的角为正，顺时针旋转形成的角为负。例如逆时针旋转 $60°$ 或者 $\dfrac{\pi}{3}$ 形成的角就是 $+60°$ 或者 $+\dfrac{\pi}{3}$，顺时针旋转 $45°$ 或者 $\dfrac{\pi}{4}$ 形成的角就是 $-45°$ 或者 $-\dfrac{\pi}{4}$。角还可以相加减，$90°-120°$ 表示逆时针旋转 $90°$ 后再顺时针旋转 $120°$，这和顺时针旋转 $30°$ 的效果一样，所以 $90°-120°=-30°$，即 $\dfrac{\pi}{2}-\dfrac{2\pi}{3}=-\dfrac{\pi}{6}$。

根据上面的定义，下图中 3 个方向或者 3 条射线所对应的角分别是 $\dfrac{2\pi}{3}$，$\dfrac{3\pi}{2}$，$-\dfrac{\pi}{4}$。

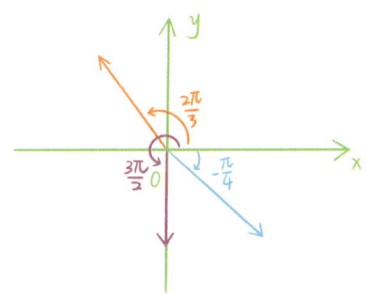

因为任何方向旋转 2π 后都与自身重合，所以角加减 2π 的倍数时，对应的方向不会改变，比如上面这 3 个方向所对应的角还可以分别是 $-\dfrac{4\pi}{3}$，$-\dfrac{\pi}{2}$，$\dfrac{7\pi}{4}$。所以，每一个角都可以唯一地确定一个方向，而每个方向所对应的角并不唯一，彼此之间相差 2π 的倍数。

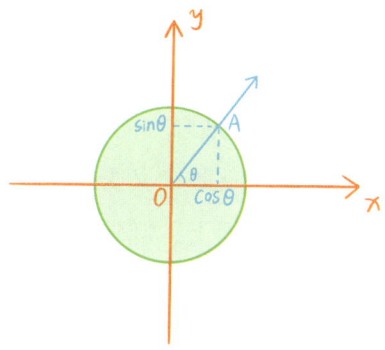

接下来要定义任意角的正弦函数和余弦函数。如上图所示，角 θ 所对应的射线和单位圆（以原点 O 为圆心）会恰好相交于一点 A，θ 的余弦函数 $\cos\theta$ 和正弦函数 $\sin\theta$ 就是分别定义为点 A 的横坐标和纵坐标，$(\cos\theta, \sin\theta)$ 就是点 A。注意，当 $0 < \theta < \dfrac{\pi}{2}$ 时，这种新的定义和上一节关于锐角正弦函数和余弦函数的定义完全吻合。根据这个新定义，当 θ 为 0，$\dfrac{\pi}{2}$，π 时，$\cos\theta$ 的值分别是 1，0，-1，这与我们在这一节开头的期望也是相符合的。因为点 $A(\cos\theta, \sin\theta)$ 到原点的距离等于 1，根据平面两点的距离公式，之前的等式

$$\sin^2\theta + \cos^2\theta = 1$$

对所有角度 θ 都成立。

那么如何说明之前的另一个等式

$$\sin\theta = \cos\left(\frac{\pi}{2} - \theta\right)$$

对所有角度 θ 都成立呢？注意这个等式可以写成

$$(\cos\theta, \sin\theta) = \left(\sin\left(\frac{\pi}{2} - \theta\right), \cos\left(\frac{\pi}{2} - \theta\right)\right)$$

这等价于是说点 $(\cos\theta, \sin\theta)$ 和点 $\left(\cos\left(\frac{\pi}{2} - \theta\right), \sin\left(\frac{\pi}{2} - \theta\right)\right)$ 是关于直线

$x - y = 0$ 对称的，那么为什么会对称呢？因为射线 θ 和射线 $\frac{\pi}{2} - \theta$ 是关于直线 $x - y = 0$ 对称的。同样的道理，因为射线 θ 和射线 $-\theta$ 是关于 x 轴对称的，所以

$$\left(\cos(-\theta), \sin(-\theta)\right) = (\cos\theta, -\sin\theta)$$

因为射线 θ 和射线 $\pi - \theta$ 是关于 y 轴对称的，所以

$$\left(\cos(\pi - \theta), \sin(\pi - \theta)\right) = (-\cos\theta, \sin\theta)$$

射线 θ 绕原点旋转 $180°$ 后变成射线 $\pi + \theta$，所以

$$\left(\cos(\pi + \theta), \sin(\pi + \theta)\right) = (-\cos\theta, -\sin\theta)$$

θ 和 $2\pi + \theta$ 表示同一条射线，所以

$$\left(\cos(2\pi + \theta), \sin(2\pi + \theta)\right) = (\cos\theta, \sin\theta)$$

若对于任何实数 x，都有 $f(x)=f(x+r)$，我们称非零实数 r 是函数 $y=f(x)$ 的周期。根据这个定义，2π 同时是余弦函数 $\cos\theta$ 和正弦函数 $\sin\theta$ 的周期。利用以上这些等式，就可以得出更多三角函数值，例如

$$\sin\frac{\pi}{2}=\cos 0=1;\quad \sin\frac{5\pi}{6}=\sin\frac{\pi}{6}=\frac{1}{2};\quad \cos\left(-\frac{\pi}{6}\right)=\cos\frac{\pi}{6}=\frac{\sqrt{3}}{2};$$

$$\sin\left(-\frac{\pi}{4}\right)=-\sin\frac{\pi}{4}=-\frac{\sqrt{2}}{2};\quad \cos\frac{4\pi}{3}=-\cos\frac{\pi}{3}=-\frac{1}{2}。$$

下图给出正弦函数和余弦函数的图象：

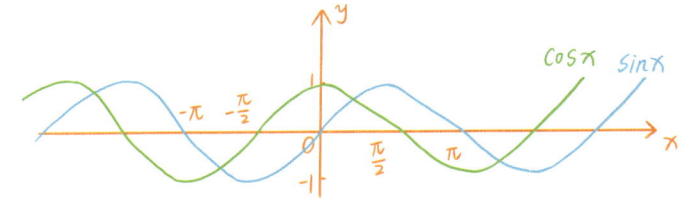

正弦函数和余弦函数还有一种很有趣的几何解释，下图中的蓝色数轴指向 y 轴正方向，并与单位圆相切于点 $(1,0)$。接下来让蓝色数轴保持点 $(1,0)$ 不动，并不停地缠绕在单位圆上，这时蓝色数轴上的任何点 θ，都变成单位圆上的点，坐标正是 $(\cos\theta,\sin\theta)$。

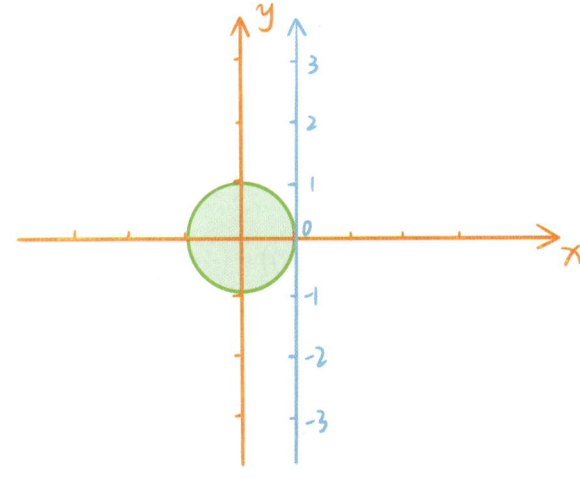

提问时间

6.3.1 请将角度 $150°$，$135°$，$20°$ 换算成弧度。

6.3.2 请将弧度 $\dfrac{7\pi}{6}$，$\dfrac{4\pi}{9}$，$-\dfrac{3\pi}{4}$ 换算成角度。

6.3.3 求 $\sin\dfrac{7\pi}{6}$，$\cos\left(-\dfrac{2\pi}{3}\right)$ 和 $\cos\dfrac{3\pi}{4}$。

6.3.4 函数 $y = \sin x + \cos x$ 的最大值为多少，在 x 取哪些值时，函数取得最大值。（提示：利用基本不等式）

6.3.5 函数 $y = \sin x \cdot \cos x$ 的最大值为多少，在 x 取哪些值时，函数取得最大值。（提示：利用基本不等式）

第四节　一般的正弦定理与余弦定理

首先说明 $\triangle ABC$ 的一个内角 $\angle A \geqslant \dfrac{\pi}{2}$ 的情形下，正弦定理依然成立。在下图中，过点 C 作三角形的高，垂足为 D。根据公式 $\sin(\pi - \theta) = \sin\theta$，$\sin\alpha = \sin\beta = \dfrac{CD}{AC}$，$\sin B = \dfrac{CD}{BC}$，所以仍然会有

$$\frac{BC}{\sin\alpha} = \frac{AC}{\sin B}$$

同理也可以得到

$$\frac{BC}{\sin\alpha} = \frac{AB}{\sin C}$$

因此，正弦定理对所有三角形都成立！

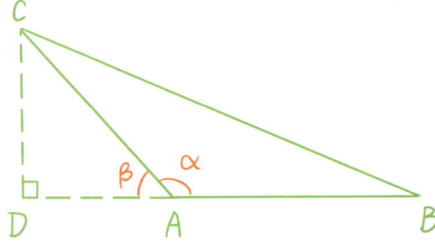

正弦定理：在 $\triangle ABC$ 中，任何边长和所对角的正弦比值都是相等的

$$\frac{BC}{\sin A} = \frac{AC}{\sin B} = \frac{AB}{\sin C}\,。$$

将这个比值记作 ω。ω 虽然是用边长和所对的角表达，但并不依赖于边的选取，不论取 3 条边中哪条边和所对的角计算边长和角正弦的比值，结果都是不变的，这种不变的量往往有几何意义。画出 $\triangle ABC$ 的外接圆，并过点 A 作直径 AD，这时根据第四章定理 5.4 和定理 5.5，$\dfrac{AC}{\sin B} = \dfrac{AC}{\sin D} = AD$。（下图仅给出 $\angle B$ 为锐角的情形，$\angle B$ 为钝角时的图留给读者自行补充。）

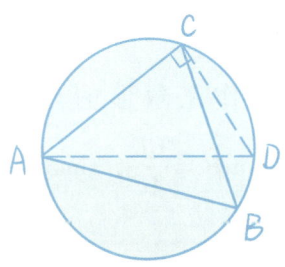

所以这个不变的量 ω 正是三角形外接圆的直径，这也能解释为什么它是不变的。如果将三角形三边乘积除以 2ω，会得到

$$S = \frac{1}{2}AB \cdot AC\sin A = \frac{1}{2}AB \cdot BC\sin B = \frac{1}{2}AC \cdot BC\sin C。$$

注意 $AC\sin A$ 正是边 AB 的高，所以这个不变的量 S 正是三角形面积。

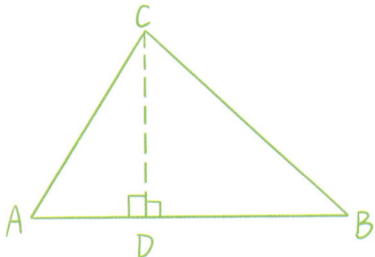

最后证明钝角的余弦定理，也是过点 C 作三角形的高，垂足为 D。

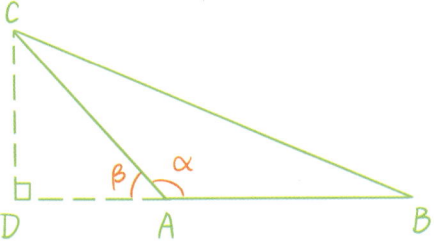

根据公式 $\cos(\pi - \theta) = -\cos\theta$，得

$$AD = AC \cdot \cos\beta = -AC \cdot \cos\alpha$$

对两个直角三角形应用勾股定理得到

$$AC^2 - AD^2 = BC^2 - BD^2$$

移项后利用平方差公式得到

$$BC^2 = AC^2 + \left(BD^2 - AD^2\right) = AC^2 + AB(AB + 2AD)$$

$$= AC^2 + AB^2 - 2AB \cdot AC \cos \alpha。$$

至此，完整地证明了余弦定理。

余弦定理：线段 AB 与线段 AC 的夹角为 α，$0 \leqslant \alpha \leqslant \pi$，则

$$BC^2 = AB^2 + AC^2 - 2AB \cdot AC \cos \alpha。$$

实际上我们是根据 AB 与 AC 的夹角为 0，锐角，$\dfrac{\pi}{2}$，钝角，π 分为 5 种情况证明了余弦定理。但是这种分成 5 种情况的证明根本不符合数学的美学精神。另外，余弦定理在平面几何中占据着非常核心的地位，它可以直接推出勾股定理和它的逆定理：

在 $\triangle ABC$ 中，$BC^2 = AC^2 + AB^2$ 当且仅当 $\angle A$ 是直角。

考虑到余弦定理是如此至关重要，自然想找到一个关于它的更深刻、更简洁的证明，所以有必要提出这样一个问题：

问题58：能否找到余弦定理的一种更简洁的证明？

如果认真观察余弦定理，你会发现等式中每一项都是两个线段长度和线段夹角余弦的乘积，比如 $AB^2 = AB \cdot AB \cos 0°$，这里 $0°$ 正是线段 AB 与它自身的夹角！

另外，余弦定理和完全平方公式 $(a - b)^2 = a^2 - 2ab + b^2$ 非常类似。完全平方公式为什么会成立呢？证明过程中无非就是用到加法交换律，加法结合律，乘法交换律，加法乘法分配律。

所有这些都启发我们定义"线段"的乘法使得 AB 和 AC 的"乘积"为 $AB \cdot AC \cos \alpha$，定义"线段"的加减法，使得 $AC - AB = BC$，而且满足一些运算定律，最后用类似的完全平方公式直接推导出余弦定理。这正是下一章马上要做的事情！

提问时间

6.4.1 在 $\triangle ABC$ 中，已知 $AB = 3$，$AC = 5$，$\angle A = 120°$，求 BC 和三角形面积。

6.4.2 利用余弦定理第三次证明平行四边形两条对角线的平方和等于4条边的平方和。

6.4.3 已知一个三角形的三边长分别为5，7，9，请判断它是锐角三角形，直角三角形，还是钝角三角形。

第七章

解析几何——向量方法

解析几何中的坐标方法可以很好地处理一些与线段长度相关的几何问题，但是涉及直线方向和角度的问题时，单纯的坐标方法并没有多大优势。这一章介绍的向量方法也是属于解析几何范围，也是将几何问题转化为代数运算——向量的加法运算、数乘运算、内积运算。比起坐标方法，向量在处理与直线方向和角度相关的问题上有天然优势，因为向量本身就是带方向的量。向量及其运算的另一大优势是不依赖直角坐标系的选取，所以在处理几何问题时，比坐标方法更直接，更能把握几何问题的代数本质。

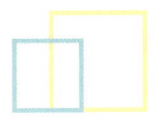

第一节　平面向量——一种既有大小又有方向的量

我们在第五章讲过，每个实数对 (a,b) 不但可以表示平面上的点，还可以看成是平面的一种平移运动，一种有大小，有方向的量。

$$(x,y) \xrightarrow{+(a,b)} (x+a, y+b)$$

高中物理中的力、速度等概念，也是既有大小，又有方向。为此我们引入平面向量的概念。平面向量，是指平面上既有大小又有方向的量。向量一般是用有向线段表示，记作 $\overrightarrow{AB}$，其中点 A 和点 B 分别是有向线段的起点和终点。$\overrightarrow{AB}$ 的长度表示向量的大小，称为向量 $\overrightarrow{AB}$ 的模，记作 $|\overrightarrow{AB}|$。

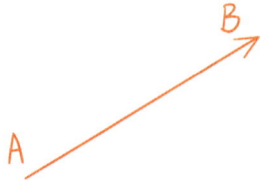

作为一种既有大小又有方向的量，**向量是完全由它的长度和方向决定的**，这是向量最基本的性质。

比如上图两个向量，虽然起点和终点不同，但它们的长度和方向都是相同，所以这两个向量是相等的，是同一个向量。不同的有向线段可以表示同一个向量，就和 $\dfrac{9}{12}$ 与 $\dfrac{3}{4}$ 是表示同一个分数一样。

接下来要介绍一个特殊的向量：起点和终点重合的向量，或者说，长度为 0 的向量，我们称这个向量为零向量，记作 $\vec{0}$。需要特别注意的是，零向量的方向是不定的，也就是说它的方向可以是任意的。

第二节　向量的加法运算，数乘运算

在运动中经常要用到两次位移的叠加，比如先往右走5米，再向上走2米，两次位移的叠加就可以用下图橙色向量表示：

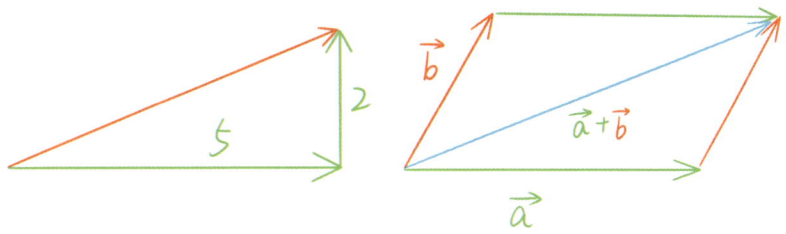

在中学物理中，两个力的合力是用平行四边形法则求出的。由这些例子可以引申出向量的加法。

设给定两个向量 $\vec{a}$ 与 $\vec{b}$，从空间中一个固定点 O 出发作有向线段 $\overrightarrow{OA}$，使得 $\overrightarrow{OA} = \vec{a}$，再从点 A 出发作有向线段 $\overrightarrow{AB}$，使得 $\overrightarrow{AB} = \vec{b}$。

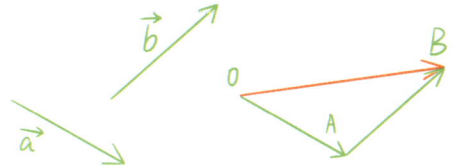

向量 $\vec{a}$ 与 $\vec{b}$ 相加的和就是定义为从点 O 到点 B 的向量 $\overrightarrow{OB} = \vec{c}$，记作 $\vec{a} + \vec{b} = \vec{c}$。这种求和方式称为三角形法则。因为两点之间线段最短，所以 $\left|\overrightarrow{OB}\right| \le \left|\overrightarrow{OA}\right| + \left|\overrightarrow{AB}\right|$，即向量的三角不等式

$$|\vec{a} + \vec{b}| \leqslant |\vec{a}| + |\vec{b}|$$

当且仅当向量 $\overrightarrow{OA}$ 与 $\overrightarrow{AB}$ 同方向时等号成立（注意这里 $\overrightarrow{OA}$ 和 $\overrightarrow{AB}$ 都有可能是零向量，这时等号成立，而零向量的方向是不定的，所以可以看成与任何向量都同方向）。根据加法的定义，任何向量加上零向量都是不变的。

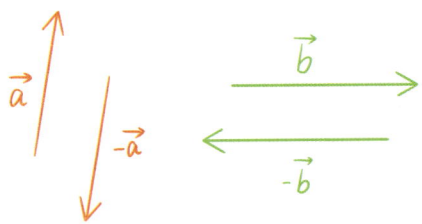

两个长度相等，方向相反的向量称为（互为）反向量。我们把向量 $\vec{a}$ 的反向量记作 $-\vec{a}$。很容易看出，两个反向量的和为零向量：$\vec{a} + (-\vec{a}) = \vec{0}$。

向量的加法运算满足：

1. 加法交换律：$\vec{a} + \vec{b} = \vec{b} + \vec{a}$。

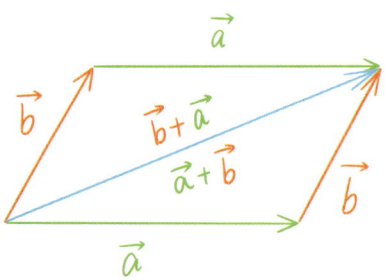

2. 加法结合律：$(\vec{a} + \vec{b}) + \vec{c} = \vec{a} + (\vec{b} + \vec{c})$。

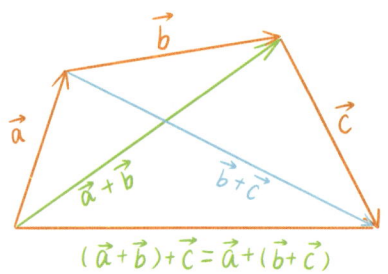

$$(\vec{a}+\vec{b})+\vec{c}=\vec{a}+(\vec{b}+\vec{c})$$

正是因为向量加法满足交换律和结合律，所以和数的加法一样，任意有限个向量，不论它们的先后顺序和结合顺序如何，它们相加的和总是相同的。利用相反数，数的加法可以派生减法。同样的道理，利用反向量，向量的加法也可以派生向量的减法

$$\vec{a}-\vec{b}=\vec{a}+\left(-\vec{b}\right)$$

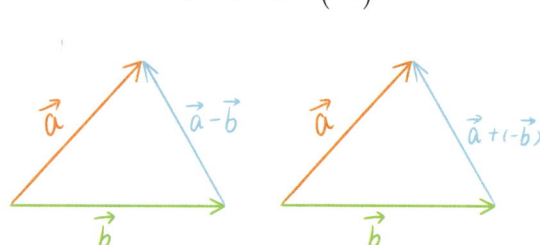

提问时间

*7.2.1　若在圆心为 O 的圆上有 n 个点 A_1，A_2，$\cdots$，A_n 把圆周分成相等的 n 段弧，证明 $\overrightarrow{OA_1}+\overrightarrow{OA_2}+\cdots+\overrightarrow{OA_n}=\vec{0}$。$\left(\text{提示：将这}n\text{个向量旋转}\dfrac{2\pi}{n}\right)$

第三节　向量的坐标

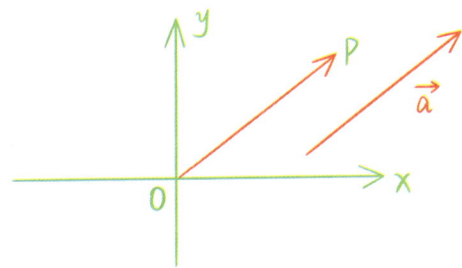

在平面上给定一个直角坐标系，每个向量 $\vec{a}$ 都可以经过平移后，让起点与坐标原点重合，这时向量终点 P 的坐标 (x_1, y_1) 也称为向量 $\vec{a} = \overrightarrow{OP}$ 的坐标，我们用 $\{x_1, y_1\}$ 表示坐标为 (x_1, y_1) 的向量。向量 $\overrightarrow{OP} = \{x_1, y_1\}$ 还可以表示将原点变换为点 P 的平面平移变换

$$(x, y) \xrightarrow{+(x_1, y_1)} (x + x_1, y + y_1)$$

若 $\overrightarrow{PQ} = \{x_2, y_2\}$ 是另一个向量，对应的平移变换把点 P 变换为点 Q，

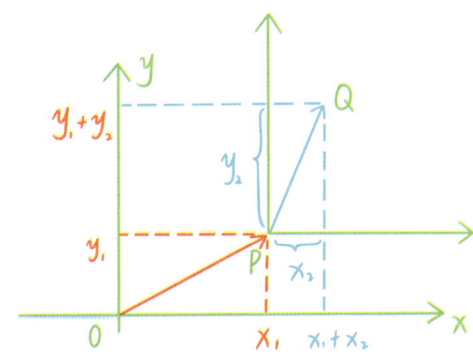

则两个向量的和对应着平移变换的复合

$$(x,y) \xrightarrow{+(x_1,y_1)} (x + x_1, y + y_1) \xrightarrow{+(x_2,y_2)} (x + x_1 + x_2, y + y_1 + y_2)$$

这个复合的平移变换把原点变换为点 Q，所对应的向量是 $\{x_1 + x_2, y_1 + y_2\}$，因此

$$\{x_1, y_1\} + \{x_2, y_2\} = \{x_1 + x_2, y_1 + y_2\}$$

所以平面平移变换，平面向量，有序数对和坐标平面上的点之间可以建立起一一对应的关系，其中，两个平面平移变换的复合对应着两个向量的和与有序数对的和，而保持平面不动的平移变换（也是一种平移变换）和零向量对应着 $(0,0)$ 和坐标原点，向量 $\overrightarrow{OP} = \{x_1, y_1\}$ 的反向量是 $\overrightarrow{PO} = \{-x_1, -y_1\}$。

根据这种对应关系，向量加法的交换律和结合律无非就是数的加法的交换律和结合律。

一个实数 λ 和一个向量 $\vec{a}$ 的乘积 $\lambda\vec{a}$ 是这样一个向量，它的模是 $|\lambda\vec{a}| = |\lambda||\vec{a}|$，当 $\lambda > 0$ 时，$\lambda\vec{a}$ 与 $\vec{a}$ 方向相同，当 $\lambda < 0$ 时，$\lambda\vec{a}$ 与 $\vec{a}$ 方向相反。我们将实数和向量的这种运算称为数乘运算。根据这个定义，当 $\lambda > 0$ 时，$\lambda\vec{a}$ 就是将 $\vec{a}$ 放大或缩小 λ 倍后的向量。当 $\lambda < 0$ 时，$\lambda\vec{a}$ 就是 $|\lambda|\vec{a}$ 的反向量。

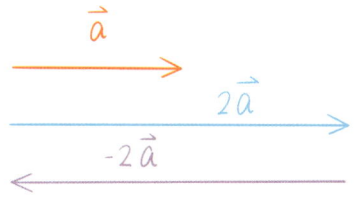

由数乘运算可以引出向量平行的概念。若存在一个实数 λ 使得 $\vec{a} = \lambda\vec{b}$，我们称两个非零向量 $\vec{a}$ 和 $\vec{b}$ 是平行的，若用两条有向线段表示 $\vec{a}$ 和 $\vec{b}$，则 $\vec{a}$ 和 $\vec{b}$ 平行当且仅当这两条有向线段所在的直线平行或重合。我们约定零向量 $\vec{0}$ 与任何向量平行。若两个向量 $\vec{a}$ 和 $\vec{b}$ 是平行的，则 $\vec{c} = \lambda\vec{a} + \mu\vec{b}$ 也与 $\vec{a}$ 和 $\vec{b}$ 平行。

从向量坐标的角度来看，如果 $\vec{a} = \{x, y\}$，则根据平行线分线段成比例定理，$\lambda\vec{a} = \{\lambda x, \lambda y\}$。

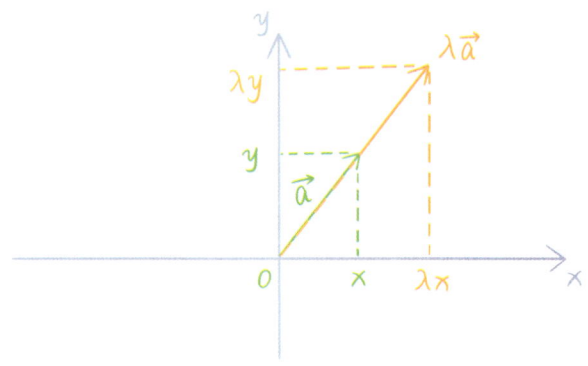

根据这个事实，下列几个运算规律自动成立，其中 λ，μ 为任意实数，$\vec{a}$，$\vec{b}$，$\vec{c}$ 为任意向量：

（1） $1\vec{a} = \vec{a}$；

（2） $\lambda\left(\mu\vec{a}\right) = (\lambda\mu)\vec{a}$（数乘结合律）；

（3） $(\lambda + \mu)\vec{a} = \lambda\vec{a} + \mu\vec{a}$（数乘第一分配律）；

（4） $\lambda\left(\vec{a} + \vec{b}\right) = \lambda\vec{a} + \lambda\vec{b}$（数乘第二分配律）；

关于加法，我们也将最基本的运算规律提炼出来：

（5） $\vec{a} + \vec{0} = \vec{a}$；

（6）对于每个向量 $\vec{a}$，都存在反向量，使得 $\vec{a} + (-\vec{a}) = \vec{0}$；

（7）$\vec{a} + \vec{b} = \vec{b} + \vec{a}$（加法交换律）；

（8）$\left(\vec{a} + \vec{b}\right) + \vec{c} = \vec{a} + \left(\vec{b} + \vec{c}\right)$（加法结合律）。

为什么要取提炼这 8 条基本性质呢？因为数学中有除了向量有加法运算，数乘运算，满足这 8 条基本性质外，还有大量的数学对象也有加法运算，数乘运算，也满足这 8 条基本性质，我们把这样的数学对象和结构统称为线性空间。

考虑方程组

$$\begin{cases} 2x - y - z = 0 \\ x - y + z = 0 \end{cases}$$

它的特征是每个方程等号右边都是 0。若 (x_1, y_1, z_1) 和 (x_2, y_2, z_2) 都是方程组的解，λ 是任意实数，那么 $(\lambda x_1, \lambda y_1, \lambda z_1)$，$(x_1 + x_2, y_1 + y_2, z_1 + z_2)$ 也都是这个方程组的解。因此在这个方程组的所有解也有加法运算，数乘运算，也满足这 8 条基本性质，所以方程组的所有解构成一个线性空间。

类似的，方程 $3x + y + z = 0$ 的所有解，方程 $2x - y = 0$ 的所有解，所有的多项式，所有次数小于一个固定正整数 n 的多项式，所有以 2π 为周期的函数，与一个固定向量平行的所有向量，都有加法运算，数乘运算，也都满足这 8 条基本性质，也都构成一个线性空间。

提问时间

7.3.1 化简 $\left(2\vec{a} + 4\vec{b}\right) - \left(\vec{b} - 2\vec{a}\right)$ 与 $2\left(2\vec{a} - 2\vec{b} + \vec{c}\right) + 3\left(\vec{b} - \vec{c} - 2\vec{a}\right)$。

7.3.2　已知 $A\left(x_1,y_1\right)$，$B\left(x_2,y_2\right)$ 是坐标平面上两点，请用两种方法证明 $\overrightarrow{AB} = \left\{x_2 - x_1, y_2 - y_1\right\}$。

7.3.3　在梯形 $ABCD$ 中，边 AB 与边 CD 平行，E 与 F 分别是边 BC 与边 AD 的中点，用向量方法证明 EF 与 AB，CD 平行，且 $2EF = AB + CD$。（提示：只需证明 $2\overrightarrow{EF} = \overrightarrow{BA} + \overrightarrow{CD}$）

7.3.4　请思考数乘第二分配律 $\lambda\left(\vec{a} + \vec{b}\right) = \lambda\vec{a} + \lambda\vec{b}$ 与第四章定理 6.4 之间的关联。

第四节　向量的内积运算

接下来，为了将余弦定理表述为向量加法乘法运算的完全平方差公式，引入向量的内积运算。向量 $\vec{a}$ 与向量 $\vec{b}$ 的内积是定义为两个向量的模与向量夹角余弦的乘积

$$\vec{a} \cdot \vec{b} = \left|\vec{a}\right|\left|\vec{b}\right|\cos\theta。$$

请注意，两个向量的内积是定义为一个数而不是向量。记 $\vec{a}\cdot\vec{a}=\vec{a}^2$，则 $\vec{a}^2 = \left|\vec{a}\right|^2$。若两个非零向量的方向垂直则称它们是垂直的。我们还约定零向量 $\vec{0}$ 与任何向量垂直。根据向量内积的定义，当且仅当两个向量内积为 0 时，它们垂直。

内积运算与数乘运算满足

$$(\lambda\vec{a})\cdot\vec{b} = \lambda(\vec{a}\cdot\vec{b}) = \vec{a}\cdot(\lambda\vec{b})$$

根据内积运算的定义，这个等式当 $\lambda \geqslant 0$ 时是很明显成立的，当 $\lambda < 0$ 时，只需注意到 $-\vec{a}$ 与 $\vec{b}$，$\vec{a}$ 与 $-\vec{b}$ 的夹角都是 $\pi - \theta$，且 $\cos(\pi - \theta) = -\cos\theta$。

很明显，内积运算是满足交换律的，$\vec{a}\cdot\vec{b} = \vec{b}\cdot\vec{a}$。如果内积运算也满足分配律

$$(\vec{a}+\vec{b})\cdot\vec{c} = \vec{a}\cdot\vec{c} + \vec{b}\cdot\vec{c}$$

这时余弦定理就可以直接推导得出

$$BC^2 = \overline{BC}^2 = (\overline{AC}-\overline{AB})^2 = \overline{AC}\cdot(\overline{AC}-\overline{AB}) - \overline{AB}\cdot(\overline{AC}-\overline{AB})$$

$$= \overline{AB}^2 + \overline{AC}^2 - 2\overline{AB}\cdot\overline{AC} = AB^2 + AC^2 - 2AB\cdot AC\cos A$$

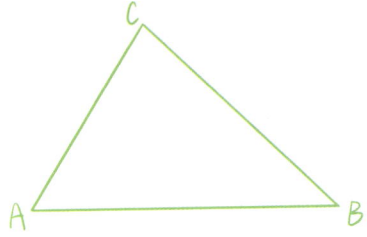

注意，整个推导过程仅仅利用向量运算定律，没有直接涉及任何几何内容，只要点 B，点 C 与点 A 不重合，这个证明就成立，无需再分成多种情况分类证明。这才是余弦定理最本质的证明，说明余弦定理本质上就是向量代数运算定律。

最后还剩下一个任务没有完成，就是证明内积运算的分配律

$$(\vec{a} + \vec{b}) \cdot \vec{c} = \vec{a} \cdot \vec{c} + \vec{b} \cdot \vec{c}$$

只需证明 $\vec{c} \neq \vec{0}$ 的情形。根据运算规律，将等式两边同时乘以 $\dfrac{1}{|\vec{c}|}$ 后，可以归结为证明 $|\vec{c}| = 1$ 的情形。令 $\vec{c} = \overrightarrow{OP}$，可以把直线 OP 当作数轴，使得点 O，P 分别和 0，1 这两个数对应。我们也可以考虑数轴 OP 上的向量。如果让这种向量的起点与数轴原点重合，那么向量的终点就会对应于数轴上的一个点。和平面向量的情况一样，数轴 OP 上的一维向量，和数轴 OP 上的点，和实数，就建立起了一一对应的关系，向量的加法也对应着实数的加法。

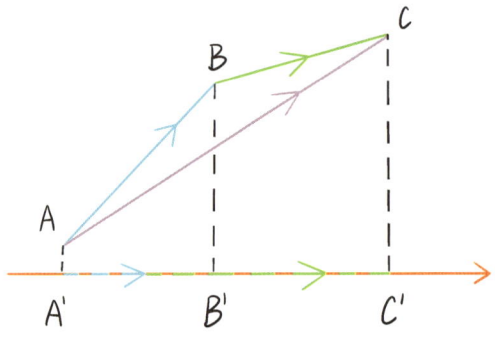

注意平面上的任何向量 $\overrightarrow{AB}$ 都可以投影到数轴 OP 上，成为数轴 OP 上的向量。具体的操作是分别过点 A 和点 B 作 OP 的垂线，垂足分别为 A' 和 B'，我们称向量 $\overrightarrow{A'B'}$ 是向量 $\overrightarrow{AB}$ 在数轴 OP 上的投影向量。投影操作保持向量加法，若向量 $\overrightarrow{BC}$ 的投影向量是 $\overrightarrow{B'C'}$，则向量 $\overrightarrow{AC}$ 的投影向量是 $\overrightarrow{A'C'}$，投影之下 $\overrightarrow{AB} + \overrightarrow{BC} = \overrightarrow{AC}$ 变成 $\overrightarrow{A'B'} + \overrightarrow{B'C'} = \overrightarrow{A'C'}$。

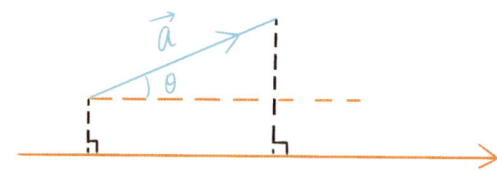

在这个背景下，$\vec{a} \cdot \vec{c} = |\vec{a}| \cos\theta$ 正是 $\vec{a}$ 的投影向量所对应的实数，所以根据投影操作保持向量加法，以及数轴 OP 上的向量加法也对应着实数加法这两个事实，$(\vec{a} + \vec{b}) \cdot \vec{c} = \vec{a} \cdot \vec{c} + \vec{b} \cdot \vec{c}$。

接下来，利用内积运算的分配律，给出向量内积运算的坐标表示。先考虑 x 轴和 y 轴上互相垂直的单位向量 $\vec{e_1} = \{1, 0\}$ 和 $\vec{e_2} = \{0, 1\}$，很明显

$$\vec{e_1} \cdot \vec{e_1} = \vec{e_2} \cdot \vec{e_2} = 1$$

且

$$\vec{e_1} \cdot \vec{e_2} = \vec{e_2} \cdot \vec{e_1} = 0$$

根据内积运算分配律，两个向量 $\vec{a} = \{x_1, y_1\}$ 和 $\vec{b} = \{x_2, y_2\}$ 的内积

$$\vec{a} \cdot \vec{b} = \left(x_1 \vec{e_1} + y_1 \vec{e_2}\right) \cdot \left(x_2 \vec{e_1} + y_2 \vec{e_2}\right)$$

$$= x_1 x_2 \vec{e_1} \cdot \vec{e_1} + x_1 y_2 \vec{e_1} \cdot \vec{e_2} + y_1 x_2 \vec{e_2} \cdot \vec{e_1} + y_1 y_2 \vec{e_2} \cdot \vec{e_2}$$

$$= x_1 x_2 + y_1 y_2$$

当 $\vec{b} = \vec{a}$ 时，这就是向量模长公式

$$|\vec{a}| - \sqrt{x_1^2 + y_1^2}$$

利用这两个公式，我们还可以给出 $\vec{a}$ 和 $\vec{b}$ 的夹角 θ 的余弦公式

$$\cos\theta = \frac{\vec{a} \cdot \vec{b}}{|\vec{a}||\vec{b}|} = \frac{x_1 x_2 + y_1 y_2}{\sqrt{x_1^2 + y_1^2}\sqrt{x_2^2 + y_2^2}}$$

提问时间

7.4.1　证明：向量 $\vec{a}$ 与向量 $(\vec{a} \cdot \vec{b})\vec{c} - (\vec{a} \cdot \vec{c})\vec{b}$ 垂直。

7.4.2　已知向量 $\vec{a}$ 与向量 $\vec{b}$ 的夹角是 $\dfrac{\pi}{3}$，且 $|\vec{a}| = 2$，$|\vec{b}| = 1$，求 $(2\vec{a} + 3\vec{b}) \cdot (\vec{a} - 2\vec{b})$。

7.4.3　在坐标平面上给定 3 个点 $A(-2,3)$，$B(2,2)$ 与 $C(3,1)$，求 $\angle ABC$ 的余弦值。

7.4.4　证明：与一个固定向量 $\vec{a}$ 垂直的所有向量构成一个线性空间。

第五节　向量方法在平面几何中的典型应用

　　上一节中，利用向量代数运算（加法，数乘，内积），我们给出了余弦定理的一个非常简洁优美的证明。这一节，以两个平面几何定理的证明为例继续展示向量代数运算的威力。第一个定理就是第四章的定理 6.8，我们用向量方法给出一个非常简洁的证明，读者可以与之前的辅助线证明做比较。

　　定理　$\triangle ABC$ 的 3 条高相交于一点。

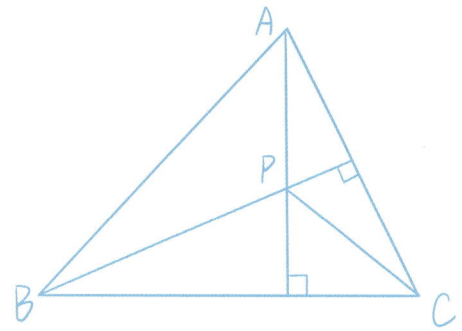

证明：假设以 AC 为底边的高和以 BC 为底边的高相交于点 P。只需证明 AB 与 CP 垂直即可。令 $\overrightarrow{AP} = \vec{a}$，$\overrightarrow{BP} = \vec{b}$，$\overrightarrow{CP} = \vec{c}$，则 $\overrightarrow{AC} = \vec{a} - \vec{c}$，$\overrightarrow{BC} = \vec{b} - \vec{c}$，$\overrightarrow{AB} = \vec{a} - \vec{b}$。因为 BC 垂直 AP，AC 垂直 BP，所以 $(\vec{b} - \vec{c}) \cdot \vec{a} = 0$，$(\vec{a} - \vec{c}) \cdot \vec{b} = 0$，由这两个等式直接推出 $\vec{c} \cdot \vec{b} = \vec{c} \cdot \vec{a}$，即 $\vec{c} \cdot (\vec{a} - \vec{b}) = 0$。所以 AB 与 CP 垂直（证毕）。

接下来用向量方法给出第四章定理6.11的第4种证明，之前已经分别用辅助线方法，坐标方法，余弦定理给出了3种证明。

定理：平行四边形 $ABCD$ 满足 $2AB^2 + 2BC^2 = AC^2 + BD^2$。

证明：令 $\overrightarrow{AB} = \vec{a}$，$\overrightarrow{BC} = \overrightarrow{AD} = \vec{b}$，则 $\overrightarrow{AC} = \vec{a} + \vec{b}$，$\overrightarrow{BD} = \vec{b} - \vec{a}$。所以

$$\overrightarrow{AC}^2 + \overrightarrow{BD}^2 = \left(\vec{a} + \vec{b}\right)^2 + \left(\vec{b} - \vec{a}\right)^2 = 2\vec{a}^2 + 2\vec{b}^2$$

（证毕）。

提问时间

7.5.1 用向量方法证明半圆或者直径所对的圆周角等于 $\dfrac{\pi}{2}$。

7.5.2 用向量方法证明平面四边形两组对边的平方和相等当且仅当对角线互相垂直，并思考这个结论和勾股定理的关联。

第八章

复数——几何与代数的交响乐

在第五章解一元二次方程的时候，如果 a 是负数，则方程 $x^2 = a$ 无解，因为负负得正，不可能存在一个实数，其平方等于 a。早在 16 世纪，为了解代数方程，人们就引入虚数 i，满足 $i^2 = -1$。例如，这时方程 $x^2 = -5$ 就有两个解 $x = \pm\sqrt{5}\,i$。

引入虚数 i 之后，尽管人们越来越意识到虚数很有用，但直到 19 世纪之前，数学家们还是很难接受虚数，大数学家欧拉在他的代数教科书中的一段话就非常有代表性：

"负数平方根就其本性而言是不可能的数，因此通常称为虚数或者幻想中的数，它们只存在于想象之中。"

如果让虚数 i 参与到实数的加减乘除运算之中，就会形成形如 $a + bi$（a，b 均为实数）的数，称为复数。时至今日，复数早已成为整个数学大厦的根基，我们对复数也习以为常了。如果让我穿越到 19 世纪之前，去说服当时的数学家们接受复数，我会用两个理由：

（1）复数也有加减乘除运算，也满足五大运算定律，也构成一个加减乘除算术系统；

（2）复数及其运算有非常优美且深刻的几何意义，可以说复数就是一曲几何与代数的交响乐。

第一节　复数与坐标平面

即使是今天的学生，首次接触虚数 i，也会有虚幻的感觉，为了尽早破除读者对虚数 i 的虚幻印象，我们首先讲述虚数 i 的几何意义。

众所周知，实数和数轴上的点是一一对应的，而且，所有实数都乘以 −1 相当于是让整个数轴旋转 180°。但是现在两个 i 的乘积才等于 −1，也就是说，每个实数连乘 i 两次的效果才相当于让整个数轴旋转 180°，那么，所有实数乘 i 一次的效果是不是就相当于让整个数轴旋转 90°？

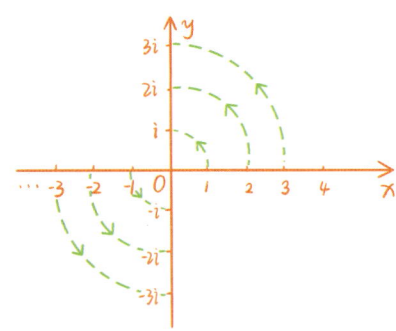

这时

$$\cdots,\ -4,\ -3,\ -2,\ -1,\ 0,\ 1,\ 2,\ 3,\ 4,\ \cdots$$

变成了

$$\cdots,\ -4i,\ -3i,\ -2i,\ -i,\ 0,\ i,\ 2i,\ 3i,\ 4i,\ \cdots$$

所以上面这些数对应的位置应该在坐标平面的 y 轴上。那么一般的复数 $a+bi$ 对应的位置应该是哪里呢？

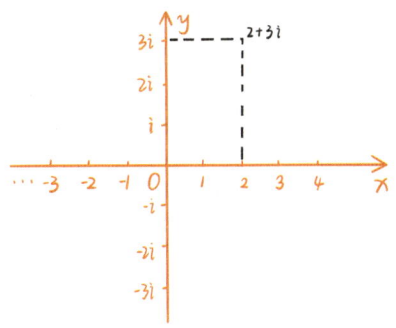

相信不少读者已经猜到了，对应的位置就是平面上坐标为 (a,b) 的点。

好了，现在可以把实数与数轴的对应扩充一下，变成复数和坐标平面上的点一一对应。所以，平面的平移变换

$$(x,y) \xrightarrow{+(a,b)} (x+a, y+b),$$

平面向量 $\{a,b\}$，有序数对 (a,b)，复数 $a+bi$ 和平面上的点之间可以建立起一连串的一一对应关系。

复数和坐标平面上的点的对应可以引申出复数 $z=a+bi$ 的几个基本概念。a 和 b 为复数 $z=a+bi$ 的实部和虚部，分别记作 $\mathrm{Re}\,z=a$，$\mathrm{Im}\,z=b$。虚部不为零的复数称为虚数，比如 $2+i$，$-1+i$ 都是虚数；实部为零的虚数称为纯虚数，比如 $5i$，$-2i$。

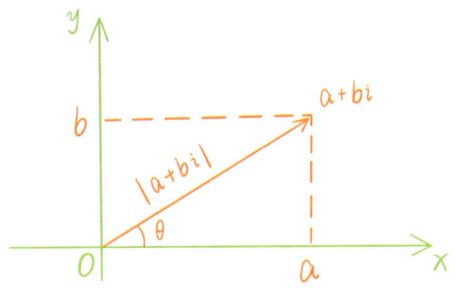

非零复数的幅角，指的是从原点出发到点 $a + bi$ 的射线角度，也就是上图标记 θ 的角。约定复数 $z = 0$ 的幅角可以是任意的。复数的模，指的是点 $a + bi$ 到原点的距离，记作 $|a + bi|$。根据平面两点的距离公式，$|a + bi| = \sqrt{a^2 + b^2}$。在复数与向量的一一对应之下，复数的模就是向量的模。

复数的加法是定义为：$(a + bi) + (c + di) = a + c + (b + d)i$。在复数与向量的一一对应之下，复数的加法正是对应着向量的加法。

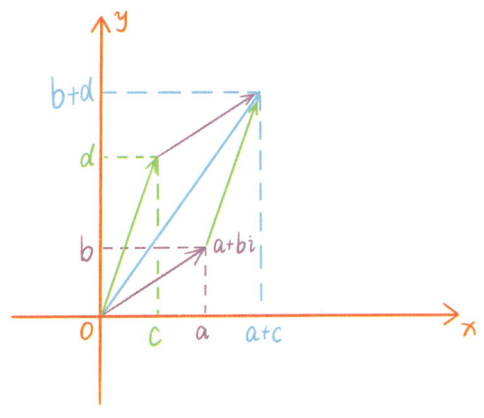

所以复数加法在平面上也可以用平行四边形法则得出，也有复数的三角不等式 $|z_1 + z_2| \leqslant |z_1| + |z_2|$，等号成立当且仅当 z_1 与 z_2 的幅角相同。每个复数 $z = a + bi$ 都有一个相反数 $-z = -a - bi$，由此可以派生复数的减法

$$z_1 - z_2 = z_1 + (-z_2)。$$

复数的减法与向量的减法相对应，所以如果坐标平面上两个点 A 和 B 对应的复数分别是 z_1 和 z_2，那么向量 $\overrightarrow{AB}$ 对应的复数就是 $z_2 - z_1$。

提问时间

8.1.1 计算 $(2 + 3i) - (1 - 3i)$ 与 $(-1 + 4i) + (-2 - i)$。

8.1.2 坐标平面上，两个点 A 和 B 对应的复数分别是 $-2 + i$ 和 $3 - 2i$，向量 $\overrightarrow{AC}$ 对应的复数是 $-1 + 2i$，求向量 $\overrightarrow{CB}$ 对应的复数。

第二节 复数的乘积运算

比起复数加法，复数乘法要复杂多了，但其实都可以由公式 $i^2 = -1$ 和乘法交换律，分配律推导得出，比如

$$i \cdot (2 - i) = 1 + 2i;$$

$$i \cdot (1 + i) = -1 + i;$$

$$(1 + i)^2 = 1 + 2i + i^2 = 2i。$$

一般的复数乘法公式是

$$(a + bi)(c + di) = ac - bd + (ad + bc)i。$$

上一节讲过，所有实数乘虚数 i 的效果可以看成是让整个 x 轴在坐标平面内逆时针旋转 $90°$，那么所有复数乘 i 的效果呢？$a + bi$ 乘以 i 变成 $-b + ai$，相当于是把点 (a,b) 变成 $(-b,a)$：

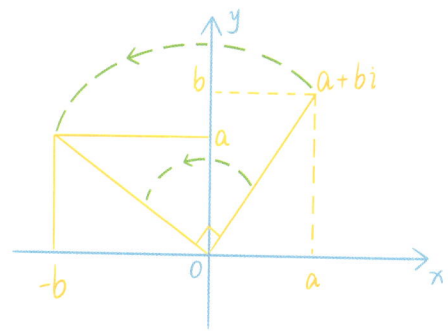

所以所有复数乘 i 相当于是让整个平面绕原点逆时针旋转 90°！

根据复数与坐标平面上的点的对应关系，所有复数乘正实数 a 代表整个平面保持原点不动的均匀伸缩变换 $(x,y) \rightarrow (ax, ay)$；所有复数乘以 -1，就是把 $a+bi$ 变成 $-a-bi$，相当于是把坐标点 (x,y)，变成 $(-x,-y)$，这不仅仅是让数轴旋转 $180°$，更是让整个平面绕原点旋转 $180°$；而所有复数乘以 i 相当于是让整个平面逆时针旋转 $90°$。现在我们很想知道所有复数 z 同时乘上一个一般的复数 $a+bi$ 的效果是什么？令 z 的幅角是 ψ，并先假设 a 和 b 都是正数（其他情况也可以类似说明）。这时这个乘积

$$z(a+bi) = za + zbi$$

是两个复数 za，zbi 的和，第一个复数代表 z 伸缩 a 倍，第二个复数代表 z 伸缩 b 倍后再逆时针旋转 $90°$。

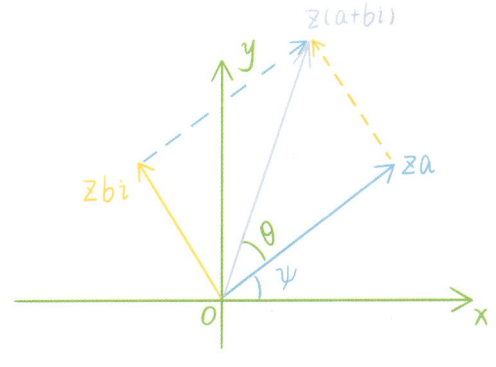

根据勾股定理，乘积 $z(a+bi)$ 的模等于 $\sqrt{|za|^2+|zb|^2}$。

而从上图可以看出乘积 $z(a+bi)$ 的幅角等于 z 与 $a+bi$ 的幅角之和 $\psi+\theta$，所以：

（复数乘法的几何意义） 设非零复数 $a+bi$ 的模为 r，幅角为 θ，那么所有复数 z 乘上 $a+bi$ 相当于让整个平面绕原点逆时针旋转 θ，并均匀伸缩 r 倍。

根据三角函数的定义，模为 r 幅角为 θ 的复数是 $r(\cos\theta+i\sin\theta)$，这种表达式称为复数的三角形式，而 $a+bi$ 称为复数的坐标形式。根据复数乘法的几何意义，两个这样的复数乘积是

$$r_1\left(\cos\theta_1+i\sin\theta_1\right)\cdot r_2\left(\cos\theta_2+i\sin\theta_2\right)$$

$$=r_1r_2\left[\cos\left(\theta_1+\theta_2\right)+i\sin\left(\theta_1+\theta_2\right)\right]$$

比较等式两边的实部和虚部，就得到三角函数的两个基本公式

$$\cos\left(\theta_1+\theta_2\right)=\cos\theta_1\cos\theta_2-\sin\theta_1\sin\theta_2$$

$$\sin\left(\theta_1+\theta_2\right)=\sin\theta_1\cos\theta_2+\cos\theta_1\sin\theta_2$$

对于任何非零复数 $z=r(\cos\theta+i\sin\theta)$，

$$z'=\frac{1}{r}\left[\cos(-\theta)+i\sin(-\theta)\right]=\frac{1}{r}\left(\cos\theta-i\sin\theta\right)$$

满足 $z\cdot z'=1$，称 z' 为 z 的倒数。利用复数的倒数的概念，就可以定义复数的除法，具体细节留给读者思考。

提问时间

8.2.1　计算 $(1-3i)(1+4i)$ 与 $(-2+i)^2$。

8.2.2　计算 $\left(1-\sqrt{3}\,i\right)^8$ 和 $(1-i)^9$。（提示：利用复数的三角形式）

8.2.3　证明两个二倍角公式

$$\cos 2\theta = \cos^2\theta - \sin^2\theta$$

$$\sin 2\theta = 2\sin\theta\cos\theta$$

8.2.4　求 $\sin\dfrac{\pi}{12}$，$\sin\dfrac{7\pi}{12}$。$\left(\text{提示：}\dfrac{\pi}{12}=\dfrac{\pi}{3}-\dfrac{\pi}{4},\ \dfrac{7\pi}{12}=\dfrac{\pi}{3}+\dfrac{\pi}{4}\right)$

第三节　复数的运算定律

　　复数的加法乘法运算也满足五大运算定律。首先加法交换律和结合律自然成立，这可以直接由向量的加法交换律和加法结合律推出。

　　接下来说明乘法交换律也成立。注意两个复数 u 和 v 相乘就是模长相乘，幅角相加，因此 uv 和 vu 的模和幅角都是相等的，而复数是由模与幅角决定的，所以 $uv = vu$。乘法结合律也可以类似地说明。

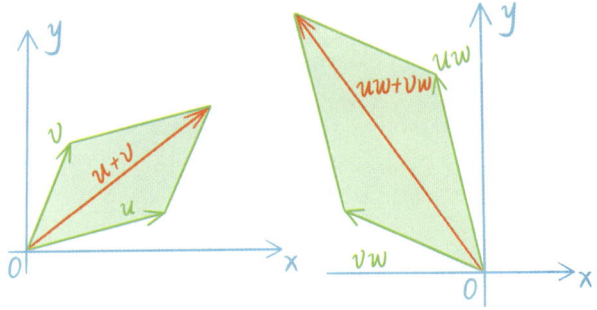

加法乘法分配律也可以用复数乘法的几何意义来解释。u 和 v 相加可以用平行四边形法则来确定，乘以 w 的效果是一个旋转加一个伸缩，而旋转和伸缩都保持平行四边形形状不变，所以

$$(u + v)w = uw + vw。$$

现在可以总结复数的算术本质了：

（1）复数中有两个特殊的数，0 与 1，有两个基本运算：加法与乘法，任何两个复数相加或相乘还是复数；

（2）复数的加法与乘法满足五大运算定律；

（3）每个复数和 0 相加都不会变，每个复数和 1 相乘也都不会变；

（4）每个复数都存在一个相反数，相反数也是复数，复数和它的相反数相加等于 0；

（5）每个非零复数都存在一个倒数，倒数也是复数，非零复数和它的倒数相乘等于 1。

所以，可以放心地接纳虚数作为新成员，把数的家园扩充为复数。

关于复数的算术性质，还有一个关键点需要补充。复数 $\bar{z} = a - bi$ 为复数 $z = a + bi$ 的共轭复数。共轭变换 $z \rightarrow \bar{z}$ 其实就是坐标绕 x 轴旋

转 $180°$。共轭变换最重要的性质就是保持加法乘法

$$\bar{z}_1 + \bar{z}_2 = \overline{z_1 + z_2}$$

$$\bar{z}_1 \cdot \bar{z}_2 = \overline{z_1 \cdot z_2}$$

这可以看成是复数的算术对称性。请读者自行验证 $z \cdot \bar{z} = |z|^2$。

提问时间

8.3.1 求 $-1 + 4i$ 和 $2 + 3i$ 的倒数；求 $\dfrac{3 + i}{2 - i}$ 和 $\dfrac{1 - 2i}{1 + 3i}$。（提示：利用共轭复数）

8.3.2 对于任何复数 z_1，z_2，证明：$\bar{z}_1 + \bar{z}_2 = \overline{z_1 + z_2}$，$\bar{z}_1 \cdot \bar{z}_2 = \overline{z_1 \cdot z_2}$，$z \cdot \bar{z} = |z|^2$。若 $z_2 \neq 0$，证明：$\dfrac{\bar{z}_1}{\bar{z}_2} = \overline{\left(\dfrac{z_1}{z_2}\right)}$。

*8.3.3 第三章第八节介绍了 $\sqrt{2}$ 算术系统，能否在 $\sqrt{2}$ 算术系统中找到和复数的共轭运算类似的一种新运算，使得上一题中的 3 个性质对这种新运算也成立。

8.3.4 已知 $|z_1| = 2$，$|z_2| = 3$，且 $\operatorname{Re}(z_1 \cdot \bar{z}_2) = \dfrac{3}{2}$，求 $|z_1 + z_2|$。

8.3.5 如果让虚数 i 参与到有理数的加减乘除运算之中，会形成什么样的算术系统？

第四节 复数乘积与向量内积

复数和向量之间可以建立一一对应关系。

$$(a + bi) \longleftrightarrow \{a, b\}$$

复数有乘法运算，向量有内积运算，都满足交换律，分配律，所以我们可以问这样一个问题：

问题 59：复数的乘积运算和向量的内积运算有何关联？

如果仔细观察复数 $z_1 = a + bi$ 和 $z_2 = c + di$ 的乘积

$$(a + bi)(c + di) = ac - bd + (ad + bc)i$$

和对应的向量内积

$$\{a, b\} \cdot \{c, d\} = ac + bd$$

发现向量内积用复数乘积表示正是 $z_1 \cdot \bar{z}_2$ 的实部

$$\text{Re}(z_1 \cdot \bar{z}_2)$$

其实 $z_1 \cdot \bar{z}_2$ 的实部能表示向量内积，能表示角度、长度，绝非偶然，其实角度，长度在旋转变换下都是保持不变的，而 $z_1 \cdot \bar{z}_2$ 这个表达式在旋转下也是保持不变的。

为什么$z_1 \cdot \bar{z}_2$这个表达式在旋转下是保持不变的？注意两个向量z_1和z_2逆时针旋转角度θ从复数的角度来看就是乘以$e = \cos\theta + \sin\theta i$。这时表达式$z_1 \cdot \bar{z}_2$变成$z_1 e \cdot \overline{z_2 e} = z_1 \cdot \bar{z}_2$。

向量内积，或者$z_1 \cdot \bar{z}_2$的实部，有非常丰富的几何内涵，可以表示角度（余弦）、长度，在平面几何证明中展现出巨大的威力，所以我们忍不住会问这样一个问题：

问题60：$z_1 \cdot \bar{z}_2$的虚部$\mathrm{Im}(z_1 \cdot \bar{z}_2)$是否也有几何意义？

注意

$$\mathrm{Im}(z_1 \cdot \bar{z}_2) = -ad + bc = -\begin{vmatrix} a & b \\ c & d \end{vmatrix}。$$

这已经是第三次碰到这种表达式了，希望$\mathrm{Im}(z_1 \cdot \bar{z}_2)$也会有重要的几何意义。利用旋转不变性，只需考虑$b = 0$，$z_1 = a$是正实数的情形，因为一个旋转变换可以将非零复数$z_1$变成正实数。这时$\mathrm{Im}(z_1 \cdot \bar{z}_2) = -ad$，在向量$z_1$和$z_2$张成的平行四边形中，以$z_1$为底的高就是$|d|$，所以平行四边形的面积就是$\left| \mathrm{Im}(z_1 \cdot \bar{z}_2) \right|$。

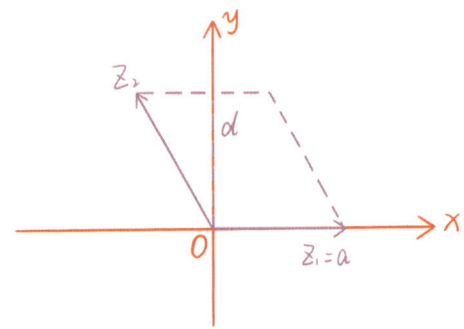

$\mathrm{Im}\left(z_1 \cdot \bar{z}_2\right)$ 的符号取决于 z_2 是在 x 轴的下方还是上方，或者说取决于 z_1 在平行四边形内角中旋转到 z_2 的旋转方向是逆时针还是顺时针，顺时针则 d 为正，逆时针则 d 为负。面积，顺时针旋转，逆时针旋转这些几何意义在旋转变换下也是不变的，所以就得到表达式 $\mathrm{Im}\left(z_1 \cdot \bar{z}_2\right) = -\begin{vmatrix} a & b \\ c & d \end{vmatrix}$ 的几何意义：

$\mathrm{Im}\left(z_1 \cdot \bar{z}_2\right)$ 表示向量 z_1 和 z_2 张成的平行四边形的带符号面积，z_1 在平行四边形内角中旋转到 z_2 的方向的旋转方向是顺时针时符号为正，逆时针时符号为负。

这个结论还和下面这个问题密切相关：

问题 61：给定坐标平面上 3 个点 $A\left(x_1, y_1\right)$，$B\left(x_2, y_2\right)$，$C\left(x_3, y_3\right)$，如何求 $\triangle ABC$ 的面积，如何判断沿三角形的边从点 A 到点 B 再到点 C 再回到点 A 的行走方向是顺时针还是逆时针？

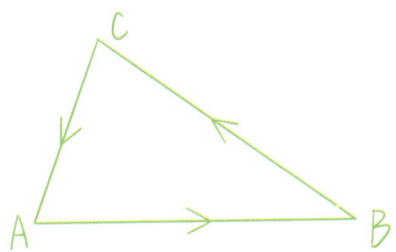

实际上行走方向是顺时针当且仅当在 $\angle BAC$ 中向量 $\overrightarrow{AB}$ 是顺时针旋转到 $\overrightarrow{AC}$，而 $\overrightarrow{AB} = \left\{x_2 - x_1, y_2 - y_1\right\}$，$\overrightarrow{AC} = \left\{x_3 - x_1, y_3 - y_1\right\}$，所以根据 $\mathrm{Im}\left(z_1 \cdot \bar{z}_2\right) = -\begin{vmatrix} a & b \\ c & d \end{vmatrix}$ 的几何意义，$\triangle ABC$ 的面积等于

$$\frac{1}{2}\begin{vmatrix} x_2 - x_1 & y_2 - y_1 \\ x_3 - x_1 & y_3 - y_1 \end{vmatrix}。$$

符号为正当且仅当从点 A 到点 B 再到点 C 再回到点 A 的行走方向是逆时针。

注意 $\triangle ABC$ 的面积为零当且仅当 3 个点 A，B，C 共线。所以这里也给出了判断平面三点是否共线的一个简易方法：

坐标平面上 3 个点 $A:(x_1,y_1)$，$B:(x_2,y_2)$，$C:(x_3,y_3)$ 共线当且仅当

$$\begin{vmatrix} x_2 - x_1 & y_2 - y_1 \\ x_3 - x_1 & y_3 - y_1 \end{vmatrix} = 0$$

提问时间

8.4.1　利用复数的三角表示重新推导出 $\text{Im}(z_1 \cdot \bar{z}_2)$ 的几何意义。

8.4.2　在坐标平面上给定 3 个点 $A(-2,3)$，$B(2,2)$ 与 $C(3,1)$，求 $\triangle ABC$ 的面积，并判断从点 A 到点 B 再到点 C 再回到点 A 的行走方向是顺时针还是逆时针。

8.4.3　判断坐标平面上 3 个点 $A(-3,3)$，$B(-1,2)$ 与 $C(1,1)$ 是否共线。

8.4.4　利用本节关于平行四边形面积的结论和推导过程回答第二章的问题 32 和问题 33。

第五节　一元多项式方程的复数根

先来回顾我们非常熟悉的实系数一元二次方程 $ax^2 + 2bx + c = 0$。通过配方法转化为 $\left(x + \dfrac{b}{a}\right)^2 - \dfrac{b^2 - ac}{a^2}$ 后，如果判别式 $b^2 - ac < 0$，则方程在实数范围内无解，但在复数范围内还可以继续求解。比如方程 $x^2 + 2x + 4 = 0$，通过配方法转化为 $(x + 1)^2 = -3$，进而得到 $x + 1 = \sqrt{3}\,\mathrm{i}$ 或者 $x + 1 = -\sqrt{3}\,\mathrm{i}$，所以方程有两个共轭的虚根 $x_1 = -1 + \sqrt{3}\,\mathrm{i}$，$x_2 = -1 - \sqrt{3}\,\mathrm{i}$。相应的多项式在复数范围内也可以分解

$$x^2 + 2x + 4 = (x + 1)^2 + 3 = \left(x + 1 + \sqrt{3}\,\mathrm{i}\right)\left(x + 1 - \sqrt{3}\,\mathrm{i}\right)$$

根据同样的道理，若实系数一元二次方程 $ax^2 + 2bx + c = 0$ 的判别式 $b^2 - ac < 0$，则方程总有两个共轭虚根 z，$\bar{z}$，多项式总可分解

$$ax^2 + 2bx + c = a(x - z)(x - \bar{z})。$$

另一类可以直接在复数范围内求根的一元多项式方程是分圆方程

$$x^n - 1 = 0$$

先来看简单的分圆方程 $x^4 - 1 = 0$。相应多项式可以分解为

$$x^4 - 1 = (x^2 + 1)(x^2 - 1) = (x + \mathrm{i})(x - \mathrm{i})(x + 1)(x - 1)$$

所以方程 $x^4 - 1 = 0$ 恰有 4 个根：1，i，-1，$-\mathrm{i}$。

再来看分圆方程 $x^3 - 1 = 0$。相应多项式可以分解为

$$x^3 - 1 = (x - 1)(x^2 + x + 1)$$

利用配方法解方程 $x^2 + x + 1 = 0$ 得到两个根 $-\dfrac{1}{2} + \dfrac{\sqrt{3}}{2}\,\mathrm{i}$，$-\dfrac{1}{2} - \dfrac{\sqrt{3}}{2}\,\mathrm{i}$。所以分圆方程 $x^3 - 1 = 0$ 恰有 3 个根：1，$-\dfrac{1}{2} + \dfrac{\sqrt{3}}{2}\,\mathrm{i}$，$-\dfrac{1}{2} - \dfrac{\sqrt{3}}{2}\,\mathrm{i}$。

一般的分圆方程 $x^n - 1 = 0$ 也是恰有 n 个根，寻找这 n 个根需要用到复数的三角形式。假设 $x = r(\cos\theta + \mathrm{i}\sin\theta)$，$0 \leqslant \theta < 2\pi$ 是方程的一个根。代入方程后得到 $r^n(\cos n\theta + \mathrm{i}\sin n\theta) = 1$，所以 $r = 1$，$\theta = 0$，$\dfrac{2\pi}{n}$，$\dfrac{4\pi}{n}$，$\cdots$，$\dfrac{(2n - 2)\pi}{n}$。因此分圆方程 $x^n - 1 = 0$ 恰好有 n 个根

$$x_0 = 1, \quad x_1 = \cos\frac{2\pi}{n} + \mathrm{i}\sin\frac{2\pi}{n}, \quad x_2 = \cos\frac{4\pi}{n} + \mathrm{i}\sin\frac{4\pi}{n}$$

$$\cdots, \quad x_{n-1} = \cos\frac{(2n - 2)\pi}{n} + \mathrm{i}\sin\frac{(2n - 2)\pi}{n}$$

注意对于 $0 \leqslant m < n$，$x_m = x_1{}^m$，且 $x_1{}^n = 1$。这 n 个根将以原点为圆心的单位圆分成 n 段相等的弧，这正是分圆方程这个名称的来历。依次连接 x_0，x_1，x_2，$\cdots$，x_{n-1} 就会构成一个正 n 边形，原点是正 n 边形的中心。

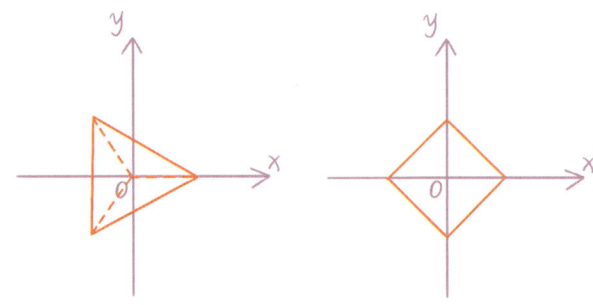

在复数范围内二次方程和分圆方程都能顺利求解，接下来自然是更复杂的代数方程求解问题。历史上，人类经历了很长时间的探索才陆续找到了三次方程

$$a_3x^3 + a_2x^2 + a_1x + a_0 = 0$$

和四次方程

$$a_4x^4 + a_3x^3 + a_2x^2 + a_1x + a_0 = 0$$

的根式求解方法。但是这种根式求解方法无法推广到四次以上的代数方程。最后是数学王子高斯第一次严格地证明了每个代数方程都至少存在一个根，这个结论称为代数学基本定理。

提问时间

8.5.1 在复数范围内求解方程 $x^2 - 6x + 13 = 0$ 和 $2x^2 - 4x + 5 = 0$。

8.5.2 证明：若 z 是实系数多项式方程 $a_nx^n + a_{n-1}x^{n-1} + \cdots + a_1x + a_0 = 0$ 的一个根，则 $\bar{z}$ 也是方程的根。

8.5.3 证明分圆方程 $x^n - 1 = 0$ 的 n 个根 $x_0 = 1$，x_1，x_2，$\cdots$，x_{n-1} 之和等于 0，并将这个结论与习题 7.2.1 做比较。（提示：$x_m = x_1{}^m$，且 $x_1{}^n = 1$）

8.5.4 求方程 $x^4 + 1 = 0$ 和方程 $x^3 + 1 = 0$ 的所有复数根，要求把结果写成坐标表示。$\left[$提示：$x^6 - 1 = (x^3 + 1)(x^3 - 1)$，$x^8 - 1 = (x^4 + 1)(x^4 - 1)\right]$

8.5.5 O 是下图坐标平面上的一个正三角形 $\triangle ABC$ 的中心，证明：若向量 $\overrightarrow{AB}$ 对应的复数是 z，则 $\overrightarrow{AO}$ 对应的复数是 $\left(\dfrac{1}{2} + \dfrac{\sqrt{3}}{6}i\right)z$；若向量

$\overrightarrow{AC}$ 对应的复数是 z，则 $\overrightarrow{AO}$ 对应的复数是 $\left(\dfrac{1}{2}-\dfrac{\sqrt{3}}{6}\mathrm{i}\right)z$。

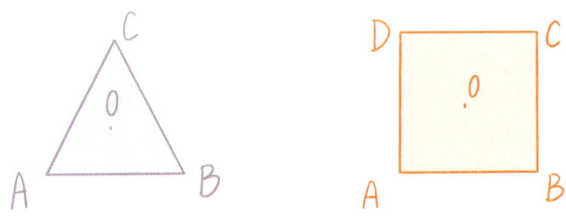

8.5.6　O 是上图坐标平面上的一个正方形 $ABCD$ 的中心，证明：若向量 $\overrightarrow{AB}$ 对应的复数是 z，则 $\overrightarrow{AO}$ 对应的复数是 $\left(\dfrac{1}{2}+\dfrac{1}{2}\mathrm{i}\right)z$；若向量 $\overrightarrow{AD}$ 对应的复数是 z，则 $\overrightarrow{AO}$ 对应的复数是 $\left(\dfrac{1}{2}-\dfrac{1}{2}\mathrm{i}\right)z$。

*第六节　复数在平面几何中的应用

上一章讲过，平面几何定理往往可以通过向量的代数运算（加法，数乘，内积）给出简洁证明，而向量的代数运算统统都可以归结为复数的代数运算，例如向量内积其实就是 $\mathrm{Re}\left(z_1\cdot\bar{z}_2\right)$。所有能用向量方法证明的几何定理，也可以用复数方法证明。但是复数的代数运算，内涵更丰富，比如 $\mathrm{Im}\left(z_1\cdot\bar{z}_2\right)$ 可以表示面积和 z_1 到 z_2 的角度方向，再比如共轭变换 $z\rightarrow\bar{z}$ 所展示的算术对称性。所以复数方法在平面几何中可以展现出更巨大更神奇的威力。接下来我们给出平面几何中著名的托勒密定理的复数证明。

托勒密定理 若一个四边形$ABCD$的顶点都落在同一个圆上，则

$$AB \cdot CD + AD \cdot BC = AC \cdot BD$$

证明：建立平面坐标系后，假设点A，B，C，D对应的复数分别是a，b，c，d，则向量$\overrightarrow{AB}$和$\overrightarrow{CD}$对应的复数分别是$b-a$和$d-c$，所以

$$AB \cdot CD = |b-a||d-c| = |(a-b)(c-d)|。$$

同理

$$AD \cdot BC = |(a-d)(b-c)|$$

$$AC \cdot BD = |(a-c)(b-d)|$$

所以只需证明

$$|(a-b)(c-d)| + |(a-d)(b-c)| = |(a-c)(b-d)|。$$

注意展开计算会得到复数的恒等式

$$(a-b)(c-d) + (a-d)(b-c) = (a-c)(b-d)。$$

为了证明复数模的等式，只需证明$(a-b)(c-d)$与$(a-d)(b-c)$的幅角方向相同，或者$\dfrac{a-b}{a-d}$与$\dfrac{b-c}{c-d}$的幅角方向相同。

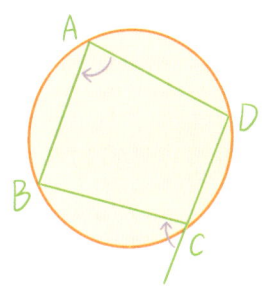

注意上图所标的两个旋转角度正是 $\dfrac{a-b}{a-d}$ 与 $\dfrac{b-c}{c-d}$ 的幅角，根据第四章定理5.5这两个旋转角度相等（证毕）。

第二个用复数方法证明的定理是著名的拿破仑定理。

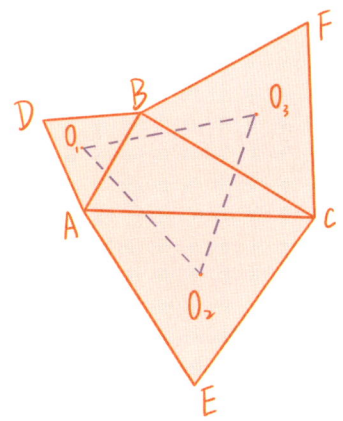

拿破仑定理：沿着 $\triangle ABC$ 的各个边向外（或者向内）分别作3个等边三角形 $\triangle ABD$，$\triangle ACE$，$\triangle BCF$，它们的中心分别是 O_1，O_2，O_3，则 $\triangle O_1O_2O_3$ 也是等边三角形。

证明：只证明向外的情形，向内情形的证明是完全类似的。以 A 为原点建立直角坐标系，假设 B，C 对应的复数分别是 b，c，根据习题 8.5.5，向量 $\overrightarrow{AO_1}$，$\overrightarrow{BO_3}$ 和 $\overrightarrow{AO_2}$ 对应的复数分别是 $\left(\dfrac{1}{2}+\dfrac{\sqrt{3}}{6}i\right)b$，$\left(\dfrac{1}{2}+\dfrac{\sqrt{3}}{6}i\right)(c-b)$，$\left(\dfrac{1}{2}-\dfrac{\sqrt{3}}{6}i\right)c$。所以 O_1，O_2，O_3 对应的复数分别是

$$\left(\dfrac{1}{2}+\dfrac{\sqrt{3}}{6}i\right)b,\ \left(\dfrac{1}{2}-\dfrac{\sqrt{3}}{6}i\right)c,\ b+\left(\dfrac{1}{2}+\dfrac{\sqrt{3}}{6}i\right)(c-b),$$

$\overrightarrow{O_1O_2}$ 和 $\overrightarrow{O_1O_3}$ 对应的复数分别是 $z_1=\left(\dfrac{1}{2}-\dfrac{\sqrt{3}}{6}i\right)c-\left(\dfrac{1}{2}+\dfrac{\sqrt{3}}{6}i\right)b$ 和 $z_2=$

$\left(\dfrac{1}{2}+\dfrac{\sqrt{3}}{6}i\right)c-\dfrac{\sqrt{3}}{3}ib$。直接计算得到 $z_2=z_1\left(\dfrac{1}{2}+\dfrac{\sqrt{3}}{2}i\right)$，因此 $\overrightarrow{O_1O_2}$ 绕点 O_1 逆时针旋转 $60°$ 变成 $\overrightarrow{O_1O_3}$，所以 $\triangle O_1O_2O_3$ 确实是正三角形。（证毕）

希望这两个定理的复数证明能让读者感受到复数证明几何定理的神奇威力。无需奇思妙想构造各种辅助线，只要简单地建立坐标系后，几何的证明就可以归结为复数的代数运算。在此可能有读者会问：

> **问题62：为什么复数方法用于证明几何定理会有如此神奇的威力？**

在第四章公理化的几何论证体系中，最核心的两类知识是三角形全等判定和三角形相似判定。坐标平面上两个三角形如果是全等的，那么其中任何一个三角形，都可以通过平移变换，绕原点的旋转变换，和绕 x 轴翻转 $180°$ 的变换，与另一个三角形重合。如果是两个相似三角形，需要再加一个均匀的平面伸缩变换 $(x,y)\to(kx,ky)$，$k>0$。所有这些变换统统都可以通过复数的代数运算（包括共轭运算）实现。平面几何中较复杂的定理证明，往往需要用到多对三角形全等或者相似判定，而这些判定过程转化为复数语言时，就变得非常精炼。

之前讲过，平面向量的代数运算统统可以归结为复数的代数运算，所以第七章中的几何定理的向量证明也统统可以翻译成复数证明。这时可能有读者会问：

> **问题63：既然平面向量的方法已经被复数方法完全覆盖，为什么还要学向量方法，这是不是多此一举？**

在处理平面几何问题时，向量方法确实已经被复数方法完全覆盖，但是，向量方法可以非常自然地扩展到三维的情形，就是空间向量，甚至还可以继续扩展到任意维数。但复数的加减乘除运算不能推广到三维和更高维。

提问时间

8.6.1　沿着四边形 $ABCD$ 的各个边向外分别作 4 个正方形 $ABB'A'$，$BCC'B''$，$CDD'C''$，$DAA''D''$，它们的中心分别是 O_1，O_2，O_3，O_4，证明：线段 O_1O_3 与线段 O_2O_4 垂直且长度相等。（提示：利用习题 8.5.6）

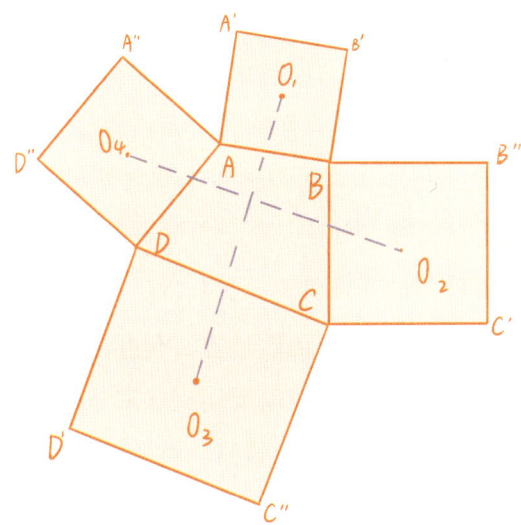

第九章

排列，组合与二项式定理

第一节　排列与组合

先来思考这样一个问题：

1，2，3，4，5，6，7，8，9这9个数字，可以排成多少个没有重复数字的4位数？

排成一个没有重复数字的4位数可以分成4个步骤：

（1）从这9个数字中选出一个数字作为千位数，共有9种选法；

（2）从剩下的8个数字中选出一个数字作为百位数，共有8种选法；

（3）从剩下的7个数字中选出一个数字作为十位数，共有7种选法；

（4）从剩下的6个数字中选出一个数字作为个位数，共有6种选法；

所以总共可以排成$9 \times 8 \times 7 \times 6$个没有重复数字的4位数。

这里用到了计数的乘法原理：完成一个任务需要分成n个步骤，完成第一个步骤共有m_1种办法，完成第二个步骤共有m_2种办法……完成第n个步骤共有m_n种办法，则完成整个任务共有$m_1 m_2 \cdots m_n$种办法。

更一般地，如果将n个不同对象中任选m个对象构成的所有排列的个数称为排列数，记作A_n^m，则有

$$A_n^m = n(n-1)\cdots(n-m+1)$$

比如在 $\{a,b,c\}$ 中选取两个字母做排列就有 $3 \times 2 = 6$ 种，罗列出来就是

$$ab, \ ac, \ bc, \ ba, \ ca, \ cb$$

特别地，n 个对象的所有排列的个数是

$$A_n^n = n \times (n-1) \cdots \times 2 \times 1$$

将 $n \times (n-1) \times \cdots \times 2 \times 1$ 记作 $n!$，读作 n 的阶乘。这时

$$A_n^m = \frac{n!}{(n-m)!}$$

为了让这个公式在 $m = n$ 时也成立，似乎要规定 $0! = 1$，但是这仅仅是个规定吗？如果说 $n!$ 表示前 n 个正整数的乘积的话，那么 $0!$ 似乎可以表示前 0 个正整数的乘积，问题来了：

问题64：0个数的乘积有意义吗，会等于1吗？

这个问题与指数运算相关，在第一章第五节，引入指数运算 a^n 表示 n 个 a 相乘，这里总是假设 a 是正整数。我们还不知道 0 个数的乘积是否有意义，所以指数运算 a^n 暂时只能对正整数 n 有意义。很容易看出，指数运算满足如下的运算法则：

$$a^m a^n = a^{m+n}$$

这个等式对所有正整数 m，n 都成立。如果约定 $a^0 = 1$ 的话，这个运算法则对所有自然数都成立。所以约定 0 个数的乘积等于 1 是合理的。

还可以从计数的角度理解这个问题。把 n 个不同的球放入 a 个抽屉

中，有多少种放法？如果把这个任务分成 n 个步骤，将第一个球放入 a 个抽屉有 a 种放法，将第二个球放入 a 个抽屉也有 a 种放法……所以根据乘法计数原理，共有 a^n 种放法。

但是，如果是把 0 个球放入 a 个抽屉中呢？这个任务不需要做，自动就完成了，所以只有一种放法，就是什么都不做，写成等式就是 $a^0 = 1$。

言归正传，继续来讲排列数。排列数在许多计数问题中都会碰到，比如上面的球放入抽屉的问题，如果加上一个简单的限制条件，变成：

问题 65：将 5 个不同的小球放入 10 个不同抽屉中，要求每个抽屉最多只能放一个球，问有多少种放法？

这个问题看似和排列无关，其实本质上还是排列问题。将 5 个小球分别贴上标签 1，2，3，4，5，这时将这 5 个小球放入 10 个抽屉，要求每个抽屉最多只能放一个球的操作等价于从这 10 个抽屉中选出 5 个抽屉贴上 1，2，3，4，5 的标签，而这又等价于选出 5 个抽屉做排列。所以共有 $A_{10}^5 = 10 \times 9 \times 8 \times 7 \times 6$ 种放法。更一般地，

将 m 个不同的小球放入 n 个不同的抽屉中，要求每个抽屉最多只能放一个球，共有 A_n^m 种放法。

请注意，$m = 0$ 时，$A_n^m = 1$。这与之前讲的将 0 个球放入 a 个抽屉中只有一种放法也是相吻合的。

n 个对象中任选 m 个对象做排列其实还可以分成两个步骤：

（1）先选出 m 个对象；

（2）对选出的这 m 个对象做排列。

这第 2 个步骤有 $m!$ 种方法，如果将第 1 个步骤的方法个数，也就是 n 个对象中选 m 个对象的选法个数记作 C_n^m，则有 $C_n^m m! = A_n^m$，即

$$C_n^m = \frac{n!}{m!(n-m)!}。$$

C_n^m 称为组合数，表示 n 个对象中选 m 个对象构成的组合个数。例如 4 个图形 $\{\triangle, \blacksquare, \#, \angle\}$ 中选取两个图形的组合共有 $\frac{4!}{2!2!} = 6$ 种，以下是这 6 种组合的罗列

$$\triangle\blacksquare, \triangle\#, \triangle\angle, \blacksquare\#, \blacksquare\angle, \#\angle$$

注意 $\triangle\blacksquare$ 和 $\blacksquare\triangle$ 是同一个组合，因为对象的组合与对象的排列不同，是不考虑次序的。

从 $C_n^m = \frac{n!}{m!(n-m)!}$，很容易看出 $C_n^m = C_n^{n-m}$。关于组合数的另一个等式

$$C_n^{m+1} + C_n^m = C_{n+1}^{m+1}$$

留给读者证明。最后提醒读者，当谈论 A_n^m 和 C_n^m 时，总是默认 n 是正整数，m 是自然数，且 $n \geq m$。

提问时间

9.1.1　请证明指数运算的另外两个法则（a，b 是正整数，m，n 是自然数）：

$$a^n b^n = (ab)^n, \quad (a^m)^n = a^{mn}。$$

9.1.2　在一个 60 人的班级中选出 1 个班长，一个副班长，一个学

习委员，一个体育委员，一个生活委员，共有多少种选法？

9.1.3 在一个50人的班级中选6位同学参加校志愿者活动，请问共有多少种选法。

9.1.4 证明：

$$C_n^{m+1} + C_n^m = C_{n+1}^{m+1}$$

第二节 二项式定理

在第三章，我们学过完全平方公式

$$(a+b)^2 = a^2 + 2ab + b^2$$

和完全立方公式

$$(a+b)^3 = a^3 + 3a^2b + 3ab^2 + b^3$$

注意完全平方公式中的3个系数其实分别是组合数 C_2^0, C_2^1, C_2^2，而完全立方公式中的4个系数分别是组合数 C_3^0, C_3^1, C_3^2, C_3^3。这一节介绍的二项式定理正是完全平方公式和完全立方公式的共同推广：

二项式定理：$(a+b)^n = C_n^0 a^n + C_n^1 a^{n-1}b + \cdots + C_n^{n-1}ab^{n-1} + C_n^n b^n$

为什么组合数会出现在 $(a+b)^n$ 的展开式中呢？只需指出展开式中

$a^{n-k}b^k$ 的系数是 C_n^k 即可。先将 $(a+b)^n$ 中每个乘积因子中的 a 和 b 都做标注，变成

$$\left(a_1 + b_1\right)\left(a_2 + b_2\right)\cdots\left(a_n + b_n\right)$$

根据分配律，这个展开式在未合并同类项之前是 2^n 个单项式之和，这 2^n 个单项式都是通过在每个括号中取一个字母（a_i 或者 b_i）相乘得到的。这其中哪些单项式会等于 $a^{n-k}b^k$ 呢？自然是在每个括号中取一个字母相乘时，恰好取到 k 个 b 的那些单项式，而这样的取法正是和在 b_1，b_2，$\cdots$，b_n 中选取 k 个对象相对应，所以共有 C_n^k 种。下面给出 $n=4$，$k=2$ 时，所有的这种取法，标红的表示被选取的那些 b

$$\left(a_1 + \textcolor{red}{b_1}\right)\left(a_2 + \textcolor{red}{b_2}\right)\left(a_3 + b_3\right)\left(a_4 + b_4\right)$$

$$\left(a_1 + \textcolor{red}{b_1}\right)\left(a_2 + b_2\right)\left(a_3 + \textcolor{red}{b_3}\right)\left(a_4 + b_4\right)$$

$$\left(a_1 + \textcolor{red}{b_1}\right)\left(a_2 + b_2\right)\left(a_3 + b_3\right)\left(a_4 + \textcolor{red}{b_4}\right)$$

$$\left(a_1 + b_1\right)\left(a_2 + \textcolor{red}{b_2}\right)\left(a_3 + \textcolor{red}{b_3}\right)\left(a_4 + b_4\right)$$

$$\left(a_1 + b_1\right)\left(a_2 + \textcolor{red}{b_2}\right)\left(a_3 + b_3\right)\left(a_4 + \textcolor{red}{b_4}\right)$$

$$\left(a_1 + b_1\right)\left(a_2 + b_2\right)\left(a_3 + \textcolor{red}{b_3}\right)\left(a_4 + \textcolor{red}{b_4}\right)$$

提问时间

9.2.1 请计算 $(2x-1)^7$ 和 $\left(x - \dfrac{3}{x}\right)^7$ 的展开式中 x^3 的系数。

9.2.2 证明：$C_n^0 - C_n^1 + C_n^2 - \cdots + (-1)^{n-1}C_n^{n-1} + (-1)^n C_n^n = 0$。

第十章

数列

第一节　数列与函数

数列是由无限多个数从左到右排列而成的，比如正整数序列

$$1,\ 2,\ 3,\ 4,\ 5,\ 6,\ 7,\ 8,\ 9,\ 10\cdots$$

平方数列

$$1,\ 4,\ 9,\ 16,\ 25,\ 36,\ 49,\ 64,\ 81\cdots$$

素数数列

$$2,\ 3,\ 5,\ 7,\ 11,\ 13,\ 17,\ 19,\ 23\cdots$$

2的乘方数列

$$1,\ 2,\ 4,\ 8,\ 16,\ 32,\ 64,\ 2^7,\ 2^8,\ 2^9\cdots$$

数列的一般形式是

$$a_1,\ a_2,\ a_3,\ a_4,\ a_5,\ a_6,\ a_7,\ a_8,\ a_9\cdots$$

简写为 $\{a_n\}$。数列可以像数一样相加，相乘

$$\{a_n\}+\{b_n\}=\{a_n+b_n\},\ \{a_n\}\cdot\{b_n\}=\{a_n\cdot b_n\},$$

数列和数还可以做数乘运算

$$k\cdot\{a_n\}=\{k\cdot a_n\}$$

简单验证可以发现数列及其加法，数乘运算也满足向量及其加法，数乘运算的8条基本性质，所以所有数列也构成一个线性空间。

之前讲过，每个函数可以看成是一台机器，将每个输入的数 x，按照一定的规则自动转化成另一个数 $y = f(x)$ 输出。

$$x \longrightarrow \boxed{y = f(x)} \longrightarrow y$$

数列也可以看成是一台关于数的转化机器，不同的是数列机器输入的数都是正整数 n。

$$n \longrightarrow \boxed{\{a_n\}} \longrightarrow a_n$$

当依次输入1，2，3，…时，这种机器就会依次输出数列

$$a_1, \ a_2, \ a_3, \ a_4, \ a_5, \ a_6, \ a_7 \cdots$$

所以当一个函数机器只允许输入正整数时，通常也可以看成一个数列，这时函数的表达式就变成关于正整数的表达式，称为数列的通项公式。

比如函数 $y = 2x - 1$ 看成数列就是

$$1, \ 3, \ 5, \ 7, \ 9, \ 11 \cdots$$

通项公式是 $a_n = 2n - 1$；函数 $y = 3x + 2$ 看成数列就是

$$5, \ 8, \ 11, \ 14, \ 17, \ 20 \cdots$$

通项公式是 $a_n = 3n + 2$。这两个数列的特征是相邻两项的差 $d = a_n - a_{n-1}$ 是固定的。这样的数列称为等差数列，$d = a_n - a_{n-1}$ 称为公差。如果已知一个等差数列的首项是 a，公差为 d，那么可以断定通项公式是

$a_n = a + (n - 1)d$。

提问时间

10.1.1　令$\{a_n\}$和$\{b_n\}$分别是公差为d_1和d_2的等差数列，k是一个固定实数，证明：$\{a_n\} + \{b_n\}$和$k\{a_n\}$分别是公差为$d_1 + d_2$和kd_1的等差数列，再证明：所有等差数列也构成一个线性空间。

10.1.2　令s和t是两个固定实数，证明：所有满足$a_{n+2} = sa_{n+1} + ta_n$，$(n \geqslant 1)$的数列构成一个线性空间，并指出这是10.1.1中最后一个结论的推广。

第二节　数列求和，归纳法

相传，大数学家高斯小时候，他的数学老师曾要求全班同学计算

$$1 + 2 + 3 + 4 + \cdots + 99 + 100$$

当其他同学还在埋头苦算的时候，高斯已经直接报出答案：5050。高斯的方法是将原先的和式转化为$1 + 100 = 101$，$2 + 99 = 101$，$\cdots$，$49 + 51 = 100$与50的和式。将高斯的方法拓展，就可以得到等差数列的求和公式。

令$\{a_n\}$是一个公差为d的等差数列，S_n为数列前n项之和。则

$$2S_n = 2\left(a_1 + a_2 + \cdots + a_n\right)$$

$$= \left(a_1 + a_n\right) + \left(a_2 + a_{n-1}\right) + \cdots + \left(a_n + a_1\right)$$

$$= n\left(a_1 + a_n\right)$$

所以 $S_n = \dfrac{n\left(a_1 + a_n\right)}{2} = \dfrac{n\left[2a_1 + (n-1)d\right]}{2} = na_1 + \dfrac{n(n-1)}{2}d$。

如果用图表示上面的求和过程那就是

这种方法和求梯形面积的方法很类似，求和公式 $S_n = \dfrac{n\left(a_1 + a_n\right)}{2}$ 与梯形面积公式也非常类似。下一节将进一步阐述求和与求面积的关联。

现在来观察公式

$$S_n = a_1 + a_2 + \cdots + a_n = na_1 + \dfrac{n(n-1)}{2}d。$$

注意这是求和公式，通常理解的求和至少是两个数的求和，但是这个公式对 $n = 1$ 也是成立的，这时公式变成 $S_1 = a_1$。所以对一个数也可以求和，和等于这个数本身。

一个真正的问题来了，当 $n = 0$ 的时候，求和公式是否有意义？这时右边等于0，而左边呢？表示数列的前0项的和？

问题66：0个数求和是否有意义，是否等于0?

我们把这个问题留给读者思考，继续观察这个求和公式

$$a_1 + a_2 + \cdots + a_n = na_1 + \frac{n(n-1)}{2}d$$

等号右边其实就是一个关于n的二次多项式$f(n)$，而a_n其实是一个关于n的一次多项式，而这个求和公式实质上就是

$$f(n) - f(n-1) = a_n$$

而这个差分公式代表着一种普遍现象：对于任何k次多项式$f(n)$，$f(n) - f(n-1)$总是一个$(k-1)$次多项式。例如

$$n^3 - (n-1)^3 = 3n^2 - 3n + 1。$$

不少读者可能会问为什么会有这种普遍现象，下面这个问题留给读者解答（提示：利用二项式定理）。

问题 67：为什么对于任何k次多项式$f(n)$，$f(n) - f(n-1)$总是一个关于n的$(k-1)$次多项式?

如果读者能解答问题67，那是不是可以反过来说明，$(k-1)$次多项式数列前n项之和都一定是一个关于n的k次多项式?

问题68：为什么$(k-1)$次多项式数列前n项之和都一定是一个关于n的k次多项式?

这个问题留给读者解答。接下来来看一个非常典型的例子：求平方数列的前n项之和

$$S_n = 1^2 + 2^2 + 3^2 + \cdots + n^2$$

根据上面的分析，S_n 应该是一个关于 n 的 3 次多项式 $f(n) = a_3 n^3 + a_2 n^2 + a_1 n + a_0$，通过

$$f(n) - f(n-1) = n^2 \text{ 和 } f(1) = 1$$

可以求出这个多项式是 $f(n) = \dfrac{1}{3} n^3 + \dfrac{1}{2} n^2 + \dfrac{1}{6} n = \dfrac{n(n+1)(2n+1)}{6}$。接下来我们用数学归纳法来严格证明这个等式：

$$1^2 + 2^2 + 3^2 + \cdots + n^2 = \frac{n(n+1)(2n+1)}{6}$$

将这个等式看成一个关于正整数 n 的命题 Ω_n，将 $n = 1$ 代入等式两边会发现等式成立，所以命题 Ω_1 成立。现在假设对于某个正整数 n，命题 Ω_n 成立，则

$$1^2 + 2^2 + 3^2 + \cdots + n^2 + (n+1)^2$$

$$= \frac{n(n+1)(2n+1)}{6} + (n+1)^2$$

$$= \frac{(n+1)(n+2)(2n+3)}{6}$$

$$= \frac{(n+1)\big[(n+1)+1\big]\big[2(n+1)+1\big]}{6}$$

所以 Ω_{n+1} 也成立。

已经知道了 Ω_1 成立，且对于每个正整数 n，若 Ω_n 成立，则 Ω_{n+1} 也成立，即 $\Omega_n \Rightarrow \Omega_{n+1}$。

由 Ω_1 成立和 $\Omega_1 \Rightarrow \Omega_2$，可以推出 Ω_2 成立；

由 Ω_2 成立和 $\Omega_2 \Rightarrow \Omega_3$，可以推出 Ω_3 成立；

由 Ω_3 成立和 $\Omega_3 \Rightarrow \Omega_4$，可以推出 Ω_4 成立；

......

所以所有 Ω_n 都成立。

归纳法就是针对关于正整数的命题 P_n，只要知道 P_1 成立，且 $P_n \Rightarrow P_{n+1}$，就可以推出所有 P_n 都成立。

接下来，用归纳法证明一个非常有用的不等式

$$(1 + x)^n \geqslant 1 + nx$$

这里 $x \geqslant -1$，n 是正整数。注意，当 $x \geqslant 0$ 时，这个不等式是二项式定理的简单推论。

证明：（归纳法）首先 $n = 1$ 时，这个不等式很明显是成立的。假设对于某个正整数 n，$(1 + x)^n \geqslant 1 + nx$，因为 $1 + x \geqslant 0$，两边同时乘以 $1 + x$ 后，不等式仍然成立，所以

$$(1 + x)^{n+1} \geqslant (1 + x)(1 + nx) = 1 + (n + 1)x + nx^2 \geqslant 1 + (n + 1)x$$

因此不等式对所有正整数 n 都成立（证毕）。

提问时间

10.2.1　证明：$1^3 + 2^3 + 3^3 + \cdots + n^3 = \dfrac{n^2(n + 1)^2}{4}$。

10.2.2　斐波那契数列 $\{a_n\}$ 是由 $a_1 = a_2 = 1$ 和等式 $a_{n+2} = a_{n+1} + a_n$（$n \geqslant 1$）定义的，它的前几项是 1，1，2，3，5，8，13。证明：

（1）$a_1^2 + a_2^2 + a_3^2 + \cdots + a_n^2 = a_n a_{n+1}$；

（2）$a_{n+1}^2 - a_n a_{n+2} = (-1)^n$。

10.2.3　利用等式 $C_n^{m+1} + C_n^m = C_{n+1}^{m+1}$ 和归纳法，给出二项式定理的一个新的证明。

*第三节　穷竭法

在上一节中提到，等差数列求和公式与梯形面积公式不论是推导过程还是结论都可以很好地做类比。接下来继续探究求和与求面积的类比，出发点是平方数列求和公式

$$1^2 + 2^2 + 3^2 + \cdots + n^2 = \frac{n(n+1)(2n+1)}{6}。$$

与这个求和公式相关联的求面积问题是什么呢？正是函数 $y = x^2$ 的图形和 x 轴，以及直线 $x = 1$ 围成的曲边三角形面积问题。

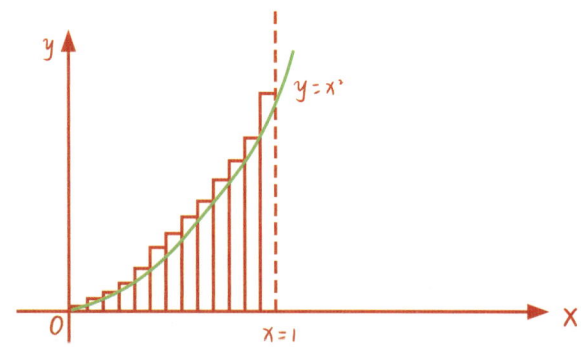

如果将 x 轴从 0 到 1 的线段 n 等分，就可以用 n 个宽为 $\dfrac{1}{n}$，长分别为 $\left(\dfrac{1}{n}\right)^2$，$\left(\dfrac{2}{n}\right)^2$，$\cdots$，$\left(\dfrac{n-1}{n}\right)^2$，$\left(\dfrac{n}{n}\right)^2$ 的长方形的面积之和逼近曲边三角形的面积。根据平方数列求和公式，这 n 个长方形的面积之和为

$$\frac{n(n+1)(2n+1)}{6n^3} = \frac{1}{3}\left(1+\frac{1}{n}\right)\left(1+\frac{1}{2n}\right)$$

当 n 不断变大时，这 n 个长方形的面积之和也越无限逼近曲边三角形的面积，而 $\left(1+\dfrac{1}{n}\right)$ 和 $\left(1+\dfrac{1}{2n}\right)$ 也越无限逼近 1，所以曲边三角形面积等于 $\dfrac{1}{3}$。

完全同样的方法还可以求出底面半径为 r,高为 h 的圆锥的体积，将圆锥的高 n 等分之后，就可以用 n 个高为 $\dfrac{h}{n}$，底面半径分别为 $\dfrac{r}{n}$，$\dfrac{2r}{n}$，$\cdots$，$\dfrac{(n-1)r}{n}$，$\dfrac{nr}{n}$ 的圆柱体积之和逼近圆锥的体积。

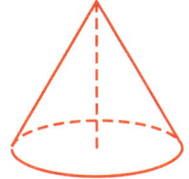 

根据圆柱体积公式和平方数列求和公式，这 n 个圆柱体积之和等于

$$\pi r^2 h \frac{n(n+1)(2n+1)}{6n^3} = \frac{1}{3}\pi r^2 h\left(1+\frac{1}{n}\right)\left(1+\frac{1}{2n}\right)$$

当 n 不断变大时，就得到圆锥的体积公式

$$V_{锥} = \frac{1}{3}\pi r^2 h$$

253

这种用简单图形的面积或体积之和无限逼近所求图形的面积或体积的方法称为穷竭法。除了推导平行四边形、圆和曲边三角形面积公式，以及圆锥体积公式外，穷竭法还可以用来推导球体的体积公式（参见本节习题）。实际上穷竭法已经很接近微积分中的积分理论了。

提问时间

10.3.1　求函数 $y = x^2$ 的图形和 x 轴，以及直线 $x = a$（$a > 0$）围成的曲边三角形面积。

10.3.2　求函数 $y = x^3$ 的图形和 x 轴，以及直线 $x = 1$ 围成的曲边三角形面积。

10.3.3　用穷竭法求半径为 r 的球体体积。（提示：只需求出半球体的体积，可以用 n 个高为 $\dfrac{r}{n}$，底面半径分别为

$$\frac{r\sqrt{n^2}}{n},\ \frac{r\sqrt{n^2 - 1^2}}{n},\ ...,\ \frac{r\sqrt{n^2 - i^2}}{n},\ ...,\ \frac{r\sqrt{n^2 - (n-1)^2}}{n},$$

的圆柱体积之和逼近半球体的体积）

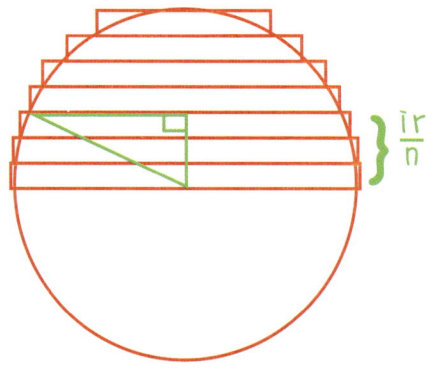

10.3.4　用穷竭法的思想回答问题56。

第十一章

集合——数学世界的
通用语言

集合概念其实并不抽象，而且非常普遍，我们最熟悉的自然数概念的背后，正是集合概念，关于自然数的一切运算定律也都可以归结为集合的运算定律。岂止是自然数，整个数学世界都可以用集合的语言描述……

第一节　再次回到起点
1，2，3，4，5，…

从现实中抽象出数字1，2，3，4，5，…这是数学的起点，是数学抽象的第一步。现在要重新审视这个起点，我们要问这样一个问题：

问题69：当从5只兔子，5棵树，5个苹果……中抽象出5这个数字概念的时候，我们忽略了哪些信息？

世界上没有两只一模一样的兔子，也没有两棵一模一样的树，一模一样的苹果。但是从5只兔，5棵树，5个苹果……中抽象出数字5的时候，我们只在乎兔子，树，苹果的个数，而忽略了兔子与兔子之间的区别，树与树之间，苹果与苹果之间的区别。

如果考虑这些区别，就会抽象出一个比自然数更宽广的概念——集合。集合是由一些特定的对象构成的，这些对象称为集合的元素。比如这5只兔，那5棵树，这5个苹果都构成一个集合。

实际上，任意指定一些元素都可以确定一个集合，比如上面这3个集合中任意划出4只兔子，3棵树，2个苹果也都可以构成新的集合。

集合完全由它的元素决定，比如任意取几个字母a，d，h或者数字2，4，19，23都可以构成唯一的集合$\{a,d,h\}$或$\{2,4,19,23\}$。注意$\{a,d,h\}$和$\{h,d,a\}$是同一个集合，只是元素的书写顺序不同，同样的$\{2,4,19,23\}$和$\{4,23,19,2\}$也是同一个集合。

一般都是用大写字母A，B，C，…表示集合，用小写字母a，b，c，…表示集合元素，用记号$a \in A$表示a是集合A的元素，读作a属于A，用记号$a \notin A$表示a不是集合A的元素，a不属于A。

在这5只兔的集合中，每只兔子都是不一样的，同样地，5棵树的集合中，5个苹果的集合中，每棵树，每个苹果也都是不一样的。实际上集合中的任意两个元素都是不同的。

如果忽视集合中元素的不同，只关注元素的数量，就可以从5只兔，5棵树，5个苹果……中抽象出数字5。所有正整数1，2，3，…都可以看成是某些集合中元素的个数，那么0呢？引入空集，记作$\varnothing$，表示不包含任何元素的集合，空集中元素的个数就是0。

以上所举例的集合都只有有限个元素，这样的集合为有限集。元素个数为 n 的有限集称为 n 元集合。无限多个元素也可以构成集合，称为无限集，比如所有自然数构成的集合记作 **N**，所有整数，所有正整数，所有有理数，所有实数，所有复数构成的集合分别记作 **Z**，**Z**$_+$，**Q**，**R**，**C**。在几何中也有各种无限集，比如平面上的所有点，所有直线，所有线段，所有长度为1的线段，所有三角形，所有直角三角形……都可以构成集合。

还可以在已知集合中加入限制条件，选出所有满足条件的元素构成新集合，比如所有大于2小于8的自然数构成一个集合，记作

$$\{a \in \mathbf{N} | 2 < a < 8\}。$$

所有大于0且小于1的实数也构成一个集合，记作

$$\{a \in \mathbf{R} | 0 < a < 1\}。$$

简记作 $(0,1)$，称为（数轴上的）开区间。类似地，所有大于 -4 且小于等于6的实数构成一个集合记作 $(-4, 6]$，称为半开半闭区间，所有大于等于 -1 且小于等于1的实数也构成一个集合记作 $[-1,1]$，称为闭区间。我们引入符号 $+\infty$ 和 $-\infty$ 分别表示正无穷大和负无穷大，这时上面的记号还可以拓展，例如所有大于等于2的实数构成的集合可以记作 $[2, +\infty)$，所有小于 -1 的实数构成的集合可以记作 $(-\infty, -1)$。

注意 $(0,1)$，$(-4,6]$，$[-1,1]$，$[2, +\infty)$ 和 $(-\infty, -1)$ 这些集合中的元素都是实数，都属于 **R**，所以 $(0,1)$，$(-4,6)$ 和 $[-1,1]$ 等都是 **R** 的子集。一般地，如果一个集合 A 中的每个元素都属于集合 B，则称 A 是 B 的子集，记作 $A \subseteq B$。显然任何集合 A 都是自身的子集，$A \subseteq A$ 总是成立的。

教科书中有这样的规定：空集是任何集合的子集。但是好奇心很强的学生还是会问：

问题70：为什么空集是任何集合的子集？

子集的刻画条件"一个集合A中的每个元素都属于集合B"其实还有一种等价说法，那就是"集合A中没有集合B之外的元素"，这时很容易看出来空集总是满足这个条件，因为空集中没有任何元素。

提问时间

11.1.1 请问一个3元集合有几个子集？

11.1.2 请问$(0,1)$，$(-4,6]$，$[-1,1]$，$[2,+\infty)$和$(-\infty,1)$这5个集合中哪个集合是哪个集合的子集？

第二节 集合与算术

第一章第二节提到，在装有3个球的筐中放入6个新的球就变成9个球，这一类经验中就可以抽象出等式$3+6=9$。注意原先在筐中的3个球构成一个集合，后面放入的6个新的球也构成一个集合，合并这两个集合中的所有元素也可以构成一个新的集合，共包含$3+6=9$个球。

这里涉及两种集合运算。首先是任意两个集合A和B的并集，指的是合并A和B中的所有元素构成的集合，记作$A\bigcup B$。例如

$$\{a,d,h\} \bigcup \{a,b,c,d\} = \{a,b,c,d,h\}$$

$$(-4,2] \bigcup [-1,3] = (-4,3]$$

其次是两个集合的交集，指的是同时属于 A 和 B 的所有元素构成的集合，记作 $A \bigcap B$。例如

$$\{a,d,h\} \bigcap \{a,b,c,d\} = \{a,d\}$$

$$(-4,2] \bigcap [-1,3] = [-1,2]$$

两个集合 A 和 B 没有共同元素，即 $A \bigcap B = \varnothing$ 时，称并集 $A \bigcup B$ 为 A 和 B 的无交并。自然数的加法运算其实就是有限集合无交并的抽象。如果将每个有限集 A 的元素个数都记为 $\#A$，那么对于没有共同元素的两个有限集 A 和 B，总会有 $\#A + \#B = \#(A \bigcup B)$，例如 3 个球的集合，和 6 个新球构成的集合合并，就会形成 9 个球的集合。

加法的交换律和结合律在集合的层面上就变成并集运算的交换律和结合律

$$A \bigcup B = B \bigcup A$$

$$(A \bigcup B) \bigcup C = A \bigcup (B \bigcup C)$$

减法在集合中也有对应的运算。令 A 是集合 U 的子集，则 U 中所有不属于 A 的元素构成的集合称为 A（在 U 中）的补集，记作 $\complement_U A$。在 U 中取走 A 的所有元素后，剩下的元素构成的集合正是 $\complement_U A$，所以如果 U 是有限集，则 $\complement_U A$ 中元素的个数正是等于 $\#U - \#A$。

当仅限于讨论一个固定集合 U（称为全集）的子集时，我们可以用图形来表示集合，其中大的矩形表示全集 U，用矩形内部的圆圈表示 U 的某些子集。比如，下图中，两个圆圈部分分别表示集合 A 和集合 B，

相交的蓝色部分就是表示 $A \bigcap B$，灰色部分就是表示 $\complement_U B$。这种表示集合的图称为维恩图。

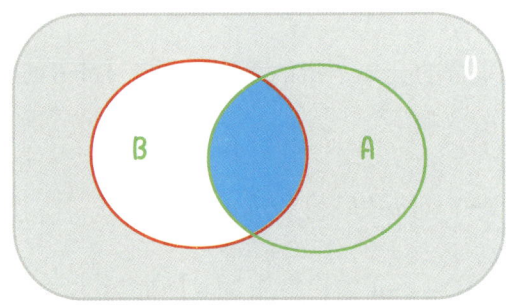

既然自然数的加法和减法运算在集合中都有对应的运算，难免有读者会问：

问题71：自然数的乘法运算是否有对应的集合运算？

例如，给定 2 个元素的集合 $\{a, b\}$，和 3 个元素的集合 $\{\triangle, \blacksquare, \angle\}$，如何构成出一个 2×3 个元素的集合呢？很自然能想到的，就是这样一个集合：

$$\begin{cases} a\triangle, & a\blacksquare, & a\angle \\ b\triangle, & b\blacksquare, & b\angle \end{cases}$$

那么对于任意两个集合 A 和 B，该如何自然地定义它们的乘积（集合）$A \times B$，才能使得当 A 和 B 都是有限集时，$\#(A \times B) = \#A \times \#B$？

自然的做法就是将 $A \times B$ 定义为所有有序对 (a, b) 构成的集合，其中 a，b 分别是 A 和 B 中的元素

$$A \times B = \{(a, b) | a \in A, b \in B\}$$

例如，若 $A = \{a, b\}$，$B = \{a, b, c\}$，则

$$A \times B = \{(a,a), (a,b), (a,c), (b,a), (b,b), (b,c)\}$$

注意这个乘积中 (a,b) 和 (b,a) 是两个不同的有序对。若 A' 和 B' 分别是 A 和 B 的子集，则 $A' \times B'$ 也是 $A \times B$ 的子集。

根据定义，集合 $\{a,b\}$ 和集合 $\{\triangle, \blacksquare, \angle\}$ 的乘积就是集合

$$
\begin{array}{c c c}
\triangle & \blacksquare & \angle
\end{array}
$$

$$
\begin{array}{l}
a \\
b
\end{array}
\left\{
\begin{array}{l}
(a,\triangle), \quad (a,\blacksquare), \quad (a,\angle) \\
(b,\triangle), \quad (b,\blacksquare), \quad (b,\angle)
\end{array}
\right\}
$$

这个集合中的6个元素的排列方式很容易让人想到平面坐标，实际上两个集合乘积的典型例子就是平面上所有点的坐标 (x,y) 构成的集合，这个集合就是实数集合 **R** 与它自身的乘积 **R** $\times$ **R**。

提问时间

11.2.1 证明下列3个命题是等价的：

$A \bigcup B = A$；$A \bigcap B = B$；$B \subseteq A$。

11.2.2 证明：对于任何3个集合 A，B 和 C，都有

$$(A \times C) \bigcup (B \times C) = (A \bigcup B) \times C$$

当 $A \bigcup B$ 是无交并时，$(A \times C) \bigcup (B \times C)$ 也是无交并，上面等式在算术上对应着加法乘法分配律。

11.2.3 证明：若 A 和 B 都是集合 U 的子集，则

$$\left(\complement_U A\right) \bigcup \left(\complement_U B\right) = \complement_U (A \bigcap B)$$

$$\left(\complement_U A\right) \bigcap \left(\complement_U B\right) = \complement_U (A \bigcup B)$$

11.2.4 下面的维恩图中绿色部分所表示的集合是什么？（用集合符号描述）

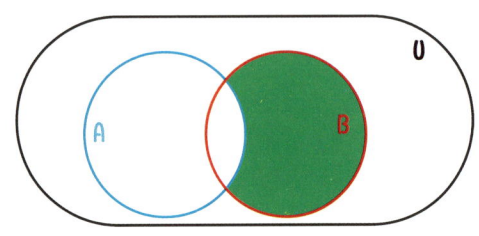

第三节　映射——把小球放入抽屉

之前讲过，每一个函数都可以看成是一个输入实数后会自动输出实数的机器，每一个数列则可以看成是一个输入正整数后会自动输出实数的机器。

$$A \ni a \longrightarrow \boxed{f} \longrightarrow b \in B$$

从集合 A 到集合 B 的映射 $f : A \to B$ 也可以看成一个加工机器。往这台机器中输入集合 A 中的任何一个元素 a，它都会确定地输出集合 B 中的一个元素 $f(a) = b$，我们称 b 为 a 在映射 f 下的像。符号 $f(a)$ 表示这个输出的元素是完全由 a 决定的，两次输入同一个元素却输出不同元素的事情是不会发生的。

比如函数 $y = x^2 + 1$ 就可以看成是从 $\mathbf{R}$ 到 $\mathbf{R}$ 的映射，函数 $y = \sqrt{x}$ 可以看成是从 $[0, +\infty)$ 到 $\mathbf{R}$ 的映射，每个数列则都可以看成是从正整数集合 $\mathbf{Z}_+$ 到 $\mathbf{R}$ 的一个映射。实数的加法，减法和乘法运算则可以看成是 3 个从 $\mathbf{R} \times \mathbf{R}$ 到 $\mathbf{R}$ 的映射，$(a, b) \in \mathbf{R} \times \mathbf{R}$ 在这 3 个映射下的像分别是 $a + b$，$a - b$ 和 ab。如果将所有非零实数构成的集合记作 $\mathbf{R}^*$，实数的除法运算则可以看成是一个从 $\mathbf{R} \times \mathbf{R}^*$ 到 $\mathbf{R}$ 的映射，$(a, b) \in \mathbf{R} \times \mathbf{R}^*$ 在映射下的像是 $\dfrac{a}{b}$。如果将所有平面向量构成的集合记作 $\mathbf{V}$，那么实数与向量的数乘运算可以看成是从 $\mathbf{R} \times \mathbf{V}$ 到 $\mathbf{V}$ 的一个映射，向量内积运算可以看成是从 $\mathbf{V} \times \mathbf{V}$ 到 $\mathbf{R}$ 的一个映射。平面的平移变换，旋转变换，伸缩变换，反射变换都可以看成是 $\mathbf{R} \times \mathbf{R}$ 到 $\mathbf{R} \times \mathbf{R}$ 的映射，例如平面的平移变换

$$(x, y) \xrightarrow{\;+(2, -3)\;} (x + 2, y - 3)$$

总之，一切函数，一切运算，一切平面交换都是映射！

从集合 A 到集合 B 的一个映射 $f : A \to B$ 也可以看成是一种对应关系。在这种对应关系之下，对于 A 中的每一个元素 a，都存在 B 中的唯一一个元素 $f(a)$ 与其相对应。如果再给定一个从集合 B 到集合 C 的映射 $g : B \to C$，我们就可以构造一个从集合 A 到集合 C 的映射 $g \circ f : A \to C$

$$g \circ f(a) = g(f(a))$$

我们称 $g \circ f$ 是 f 和 g 的复合映射，这是复合函数的推广。

$$a \longrightarrow \boxed{f} \longrightarrow b \longrightarrow \boxed{g} \longrightarrow c$$

有限集之间的映射还可以用箭头图表示，对于 A 中的每一个元素 a 恰有一个从 a 到 $f(a)$ 的箭头：

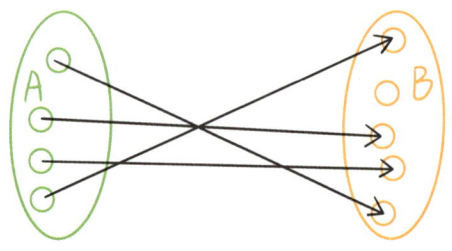

我们称一个映射 $f : A \to B$ 是单射，如果 A 中任意两个不同元素在映射 f 下的像也是不同的。上图所表示的映射就是单射，因为没有两个箭头是指向同一个元素的。称一个映射 $f : A \to B$ 是满射，如果 B 中每个元素都是 A 中某个元素在映射 f 下的像。下图所表示的映射就是满射，因为对于 B 中每个元素，都至少有一个箭头指向它。

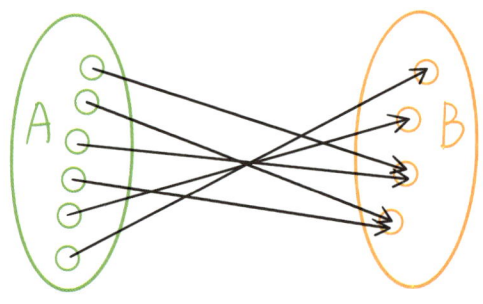

如果把集合 A 中的元素看成是小球，集合 B 中的元素看成是抽屉，则一个映射 $f : A \to B$ 可以看成是把 A 中的所有小球都放入 B 中的抽屉里，f 是单射等价于每个抽屉最多放一个小球，f 是满射等价于每个抽屉都有放小球。

我们称一个映射 $f : A \to B$ 是一一对应，如果它既是单射又是满射。通俗地解释，一一对应就是这样一种关系，对于 A 中任何元素，都有 B 中唯一一个元素与其对应，反过来，对于 B 中任何元素，也都有 A 中唯一一个元素与其对应。若两个有限集 A 和 B 之间存在一一对应关系 $f : A \to B$，则 A 和 B 的元素个数是相等的。

对于任何集合 A 和 B，都存在一个从 $A \times B$ 到 $B \times A$ 的自然一一对应

$$A \times B \to B \times A$$

$$(a, b) \mapsto (b, a)$$

对于任何集合 A，B 和 C，都存在一个从 $(A \times B) \times C$ 到 $A \times (B \times C)$ 的自然一一对应

$$(A \times B) \times C \to A \times (B \times C)$$

$$((a, b), c) \mapsto (a, (b, c))$$

当 A，B 和 C 都是有限集时，这两个一一对应给出自然数的乘法交换律和乘法结合律的集合解释。

提问时间

11.3.1　证明：若映射 $f : A \to B$ 和映射 $g : B \to C$ 都是单（满）射，则复合映射 $g \circ f$ 也是单（满）射。

11.3.2　证明：若从一个 n 元集合 A 到另一个 n 元集合 B 的映射 $f : A \to B$ 是单（满）射，则 f 一定是一一对应。

第四节 集合与计数

计数问题，比如排列组合问题，本质上都是计算某些特定对象的个数，或者集合的元素个数。所以几乎所有的计数问题都可以用集合的观点来描述。

首先，组合数 C_n^m 表示从 n 个对象中选 m 个对象的选法个数，而这正是一个 n 元集合 U 中，m 元子集的个数。为什么会有等式 $C_n^m = C_n^{n-m}$ 呢？因为 U 中的所有 m 元子集和所有 $(n-m)$ 元子集之间可以建立一一对应关系

$$A \leftrightarrow \complement_U A$$

等式 $C_n^{m+1} + C_n^m = C_{n+1}^{m+1}$ 也可以从集合的角度解释。令 $U = \{a_1, a_2, \cdots, a_n, a_{n+1}\}$ 是一个 $(n+1)$ 元集合，$U' = \{a_1, a_2, \cdots, a_n\}$。则 U 的 $(m+1)$ 元子集可以分成两类：其中不包含 a_{n+1} 的 $(m+1)$ 元子集正是 U' 的所有 $(m+1)$ 元子集，所以总共有 C_n^{m+1} 个；其中包含 a_{n+1} 的 $(m+1)$ 元子集与 U' 的所有 m 元子集一一对应，所以总共有 C_n^m 个。

排列数 A_n^m 也可以用集合的语言描述，在第九章讲过 A_n^m 是将 m 个不同的小球放入 n 个不同的抽屉中，要求每个抽屉最多只能放一个球的放法个数，而这正是从一个 m 元集合 A 到一个 n 元集合 B 的所有单射的个数。

那么从一个 m 元集合 A 到一个 n 元集合 B 的所有映射的个数是多少

呢？这等于问把 m 个不同的球放入 n 个抽屉中，有多少种放法，而第九章第一节已经回答了这个问题，答案是 n^m 种。特别地，0 个球放入 n 个抽屉中只有一种放法，所以空集 $\varnothing$ 到 n 元集合 B 只有一个映射，实际上空集 $\varnothing$ 到任何集合 B 都只有一个映射。对于任意两个集合 A 和 B，从 A 到 B 的所有映射也构成一个集合，记作 $\mathrm{Hom}(A,B)$，这种集合运算与自然数的指数运算相对应。

最后，给出二项式定理的一个集合解释。假设 A 是一个 n 元集合，B 是一个 a 元集合 B_1 和一个 b 元集合 B_2 的无交并，$B = B_1 \bigcup B_2$，则从 A 到 B 共有 $(a+b)^n$ 个映射。

从 A 到 B 的每个映射还可以用如下方式构造，其中 $0 \leqslant k \leqslant n$，

（1）在 A 中选取一个 k 元子集 S；

（2）构成一个从 S 到 B_2 的映射；

（3）构成一个从补集 $\complement_A S$ 到 B_1 的映射。

对于每个 k，根据计数乘法原理，通过这种方式构造的映射有 $C_n^k a^{n-k} b^k$ 个。每个映射都可以如此构造，所以从 A 到 B 的所有映射个数是

$$C_n^0 a^n + C_n^1 a^{n-1}b + \cdots + C_n^{n-1}ab^{n-1} + C_n^n b^n$$

提问时间

*11.4.1 请用集合的观点解释指数运算的 3 个法则：

$$a^m a^n = a^{m+n}, \quad a^n b^n = (ab)^n, \quad (a^m)^n = a^{mn}。$$

*第五节　关系概念——从现实世界到数学世界

　　在日常生活中，经常使用"关系"一词，比如父子关系、上下级关系、同事关系、兄弟关系、情侣关系、同学关系、师徒关系等。数学也有许多关系，比如整除关系、大小关系等。如何用集合语言来描述关系呢？

　　如果将所有人构成的集合记作A，那么我们是如此定义父子关系的：

$$a \in A \text{和} b \in A \text{具有父子关系} \Leftrightarrow a \text{是} b \text{的爸爸。}$$

　　假如a是b的爸爸，那么b就肯定不是a的爸爸，所以如果a和b具有父子关系，那么b和a就不具有父子关系，请注意数学上的描述和日常用语的区别。当我们讲一个集合中元素的某些关系的时候，总是针对集合中的某两个元素构成的有序对(a,b)而言的，因为次序很关键。再以大小关系<为例，$3 < 5$成立，但$5 < 3$不成立。

　　注意有序对(a,b)可以看成是集合A与它自身的乘积$A \times A$中的一个元素。因此一个集合A中的关系就是定义为$A \times A$的一个子集$\Re \subseteq A \times A$。$a \in A$和$b \in A$具有关系$\Re$当且仅当$(a,b) \in \Re$，也将$(a,b) \in \Re$记作$a\Re b$。比如实数的<关系就是$\mathbf{R} \times \mathbf{R}$的子集

$$\{(a,b) \in \mathbf{R} \times \mathbf{R} \mid a < b\},$$

　　正整数的整除关系就是$\mathbf{Z}_+ \times \mathbf{Z}_+$的子集

$$\{(a,b) \in \mathbf{Z}_+ \times \mathbf{Z}_+ \mid a 被 b 整除\}。$$

每一个函数，比如 $y = x^2$，都定义了 $\mathbf{R}$ 中的一个关系 $\aleph$，对应的 $\mathbf{R} \times \mathbf{R}$ 的子集正是函数的图象，因此 $3\aleph9$ 和 $-1\aleph1$ 都成立，而 $2\aleph3$ 不成立，因为 $2^2 \neq 3$。更一般地，每个关于 x 与 y 的方程，比如 $x^2 + y^2 = 2$，都定义了 $\mathbf{R}$ 中的一个关系，对应的 $\mathbf{R} \times \mathbf{R}$ 的子集正是方程的图象。再比如，抛物线 $y = x^2$ 写成集合的语言就是

$$\{(x,y) \in \mathbf{R} \times \mathbf{R} \mid y = x^2\}。$$

每个关于 x 与 y 的不等式，比如 $x^2 + y \leqslant y^2$，也都定义了 $\mathbf{R}$ 中的一个关系，对应的 $\mathbf{R} \times \mathbf{R}$ 的子集是

$$\{(x,y) \in \mathbf{R} \times \mathbf{R} \mid x^2 + y \leqslant y^2\}。$$

再比如，抛物线 $y = x^2$ 所围成的内部区域写成集合的语言就是：

$$\{(x,y) \in \mathbf{R} \times \mathbf{R} \mid y > x^2\}。$$

每个集合 A 到它自身的一个映射 $f : A \to A$ 都定义了集合 A 中的一个关系，对应的 $A \times A$ 的子集是

$$\{(a,b) \in A \times A \mid f(a) = b\}。$$

接下来，我们介绍集合关系的 3 种性质。

称集合 A 中的一个关系 $\Re$ 是自反的，若对于每个 $a \in A$，$a\Re a$ 都成立。父子关系，朋友关系都不是自反的，一个人怎么可能是自己的爸爸，自己的朋友呢？实数的 $<$ 关系也不是自反的，但 $\leqslant$ 关系就是自反的，因为 $a \leqslant a$ 总是成立的。正整数的整除关系也是自反的。

称集合 A 中的一个关系 $\Re$ 是对称的，若对于任何 $a,b \in A$，$a\Re b$ 可以推出 $b\Re a$。父子关系不是对称的，a 是 b 的爸爸，根本不能推出 b 就是 a 的爸爸。实数的 $<$ 关系和 $\leqslant$ 关系也不是对称的。但是朋友关系是对称的，a 如果是 b 的朋友，那 b 自然也是 a 的朋友。平面中直线的平行关系、垂直关系，三角形的全等关系、相似关系都是对称的。

称集合 A 中的一个关系 $\Re$ 是传递的，若对于任何 $a,b,c \in A$，$a\Re b$ 和 $b\Re c$ 可以推出 $a\Re c$。父子关系不是传递的，a 是 b 的爸爸，b 是 c 的爸爸只能推出 a 是 c 的爷爷。但是如果我们在所有人构成的集合上定义后代关系 $\Rightarrow$：$a \Rightarrow b$ 当且仅当 b 是 a 的后代，则后代关系 $\Rightarrow$ 就是传递的，因为如果 b 是 a 的后代，c 是 b 的后代，那么 c 自然也是 a 的后代。朋友关系不是传递的，朋友的朋友未必就是朋友。很容易看出，实数的 $<$ 关系和 $\leqslant$ 关系都是传递的，正整数的整除关系也是传递的。平面中三角形的全等关系、相似关系是传递的，但直线的平行关系、垂直关系不是传递的。

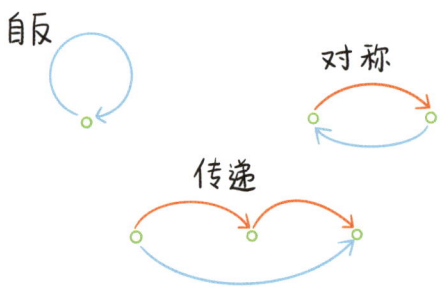

最后，我们重点介绍一类非常重要的关系——等价关系。假如全班同学分成 4 个小组，那么就可以在全班同学构成的集合中定义同组关系 $\Re$

$$a\Re b \Leftrightarrow a \text{同学与} b \text{同学在同一组。}$$

很明显每个同学都和他（她）自己在同一组；若 a 同学与 b 同学在

同一组，则 b 同学与 a 同学也在同一组；若 a 同学与 b 同学在同一组，b 同学与 c 同学在同一组，则 a 同学与 c 同学也在同一组。所以同组关系 $\mathfrak{R}$ 是自反的，对称的，传递的。

　　同时具有自反性，对称性，传递性的关系称为等价关系。一般地，如果将一个集合 A 中的元素划分成若干组，那么同组关系就是一个等价关系。反过来，在集合 A 中定义了一个等价关系 $\mathfrak{R}$，就可以给出 A 的一个分组，彼此之间有关系的元素都归入同一组。下面第一个图中蓝色线表示等价关系，第二个图表示相应的分组：

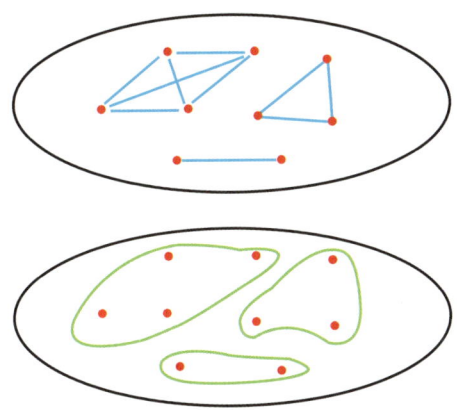

　　在以点 O 为原点的坐标平面中定义这样一个等距关系 $\mathfrak{R}$

$$A\mathfrak{R}B \Leftrightarrow OA = OB。$$

　　很容易看出，这是等价关系，相应的分组就是将整个平面分成点 O 和所有以 O 为圆心的同心圆

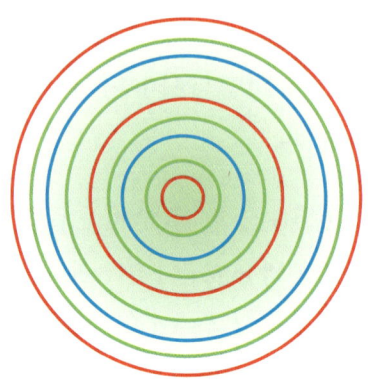

如果在坐标平面中定义另一个关系 ℵ

$$A\aleph B \Leftrightarrow A 与 B 的横坐标相等$$

很容易看出，这是等价关系，相应的分组就是将整个平面分成与 y 轴平行或重合的直线。

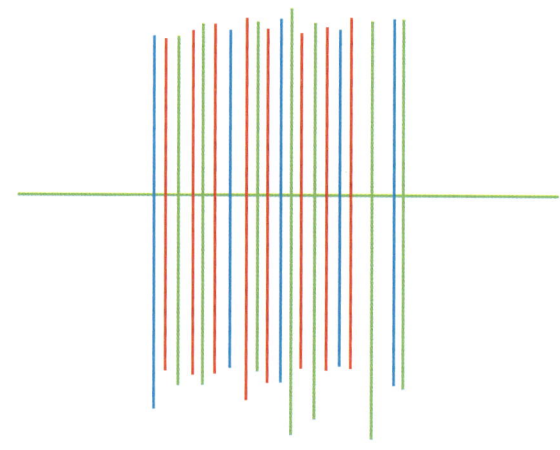

如果在所有非零复数构成的集合中定义这样一种关系 ℑ

$$z_1 \Im z_2 \Leftrightarrow z_1 与 z_2 的幅角相同$$

这也是等价关系，相应的分组从坐标平面上看就是将挖去原点的平面分成从原点出发的射线（射线不含原点）。

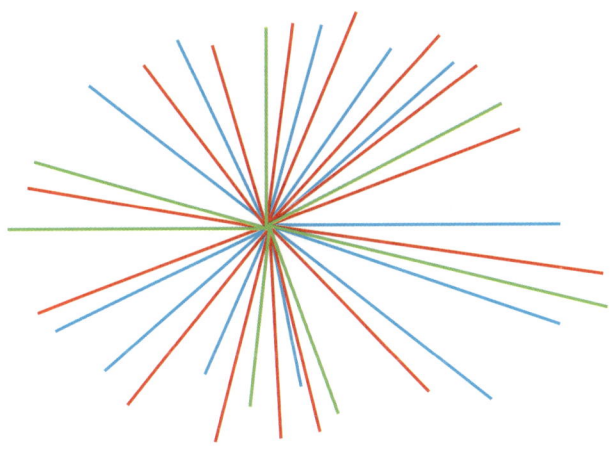

提问时间

11.5.1 在实数集合 $\mathbf{R}$ 中定义两个关系 $\Re$，$\aleph$

$$a\Re b \Leftrightarrow a - b \text{ 是整数}$$

$$a\aleph b \Leftrightarrow |a - b| < 1$$

请判定哪个关系是等价关系。

11.5.2 对于每个正整数 n，请在整数集合 $\mathbf{Z}$ 中定义一个等价关系，使得相应的分组将 $\mathbf{Z}$ 分成 n 组，每组都有无穷多个整数。

11.5.3 我们称集合 A 中的关系 $\Re$ 是全序关系，若

（1）对于任何 $a, b \in A$，$a\Re b$，$b\Re a$，$a = b$ 这 3 个命题中恰好只有一个成立；

（2）$\Re$ 具有传递性。

例如实数中的 $<$ 关系就是全序关系。请在集合 $\mathbf{R} \times \mathbf{R}$ 中定义一个全序关系。

11.5.4　直线 $x + 2y + 2 = 0$ 将整个平面划分成 I II 两个区域。

①请用集合语言分别刻画这两个区域。

②分别在上下两个区域内各取一个点，你会发现连结这两点的任意一条线（不一定要是直线）总会与直线 $x + 2y + 2 = 0$ 相交，你知道为什么吗？

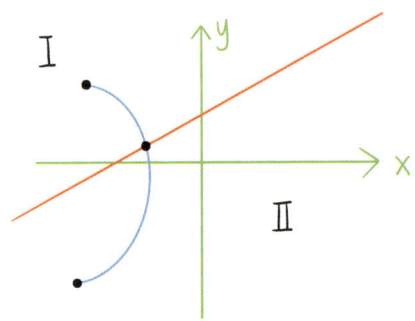

图书在版编目（CIP）数据

中小学数学要义 / 风云老师著 . —长沙：湖南科学技术出版社，2022.7（2025.1 重印）
ISBN 978-7-5710-1455-1

Ⅰ . ①中… 　Ⅱ . ①风… 　Ⅲ . ①数学课—中小学—教学参考资料 　Ⅳ . ① G634.603

中国版本图书馆 CIP 数据核字〔2022〕第 022512 号

ZHONG XIAO XUE SHUXUE YAOYI
中小学数学要义

著者
风云老师

出版人
潘晓山

责任编辑
李蓓

营销编辑
周洋

出版发行
湖南科学技术出版社

社址
长沙市芙蓉中路一段 416 号
泊富国际金融中心

网址
http://www.hnstp.com
湖南科学技术出版社

天猫旗舰店网址
http://hnkjcbs.tmall.com

邮购联系
本社直销科 0731-84375808

印刷
长沙超峰印刷有限公司

厂址
宁乡市金洲新区泉洲北路 100 号

邮编
410600

版次
2022 年 7 月第 1 版

印次
2025 年 1 月第 6 次印刷

开本
710mm×1000mm　1/16

印张
18

字数
245 千字

书号
ISBN 978-7-5710-1455-1

定价
108.00 元